Gustav Richter

Das Jenaer Lutherfestspiel

Ein Rechenschaftsbericht im Auftrage des Vorstandes des Lutherfestspielvereins zu

Jena

Gustav Richter

Das Jenaer Lutherfestspiel
Ein Rechenschaftsbericht im Auftrage des Vorstandes des Lutherfestspielvereins zu Jena

ISBN/EAN: 9783743353220

Hergestellt in Europa, USA, Kanada, Australien, Japan

Cover: Foto ©ninafisch / pixelio.de

Manufactured and distributed by brebook publishing software (www.brebook.com)

Gustav Richter

Das Jenaer Lutherfestspiel

Das Jenaer Lutherfestspiel.

Ein Rechenschaftsbericht
im Auftrage des Vorstandes des Lutherfestspielvereins zu Jena

erstattet

von

Dr. Gustav Richter,
Gymnasialdirektor in Jena.

Der Ertrag ist für die Otto Devrient'sche Luther-Stiftung bestimmt.

Jena 1889.

Im Selbstverlag des Lutherfestspielvereins.

In Kommission der Frommann'schen Buchhandlung (A. Passarge).

Otto Devrient

dem Dichter des Luther

zum

31. Oktober 1889.

Vorwort.

Die vorliegende Schrift ist zunächst für die Mitglieder des Jenaer Lutherfestspielvereins bestimmt. Sie soll Rechenschaft ablegen über die Thätigkeit des Vereinsvorstandes und über die Absichten, welche denselben geleitet haben. Dies konnte am besten im Rahmen einer geschichtlichen Darstellung geschehen, welche Ursprung und bisherige Entwickelung unseres Festspieles darlegte und erkennen ließ, was durch dasselbe angestrebt und bis jetzt erreicht worden ist. Eine kritische Würdigung der Dichtung als solcher war hierbei ausgeschlossen; nur welche Wirkung sie geübt, war durch Hinweis auf öffentlich abgegebene Zeugnisse festzustellen.

Die Theaterfrage der Gegenwart konnte nur gestreift, der Begriff der Volksbühne nur angedeutet werden, die wissenschaftliche Erörterung würde ein besonderes Buch erfordern.

Der Verfasser ist dem ihm gewordenen Auftrage um so lieber nachgekommen, als er dadurch Anlaß hatte sich selbst zu vergegenwärtigen was er gewollt und erstrebt hat.

Jena, am Reformationsfeste 1889.

O. R.

Inhalt.

1. Die Entstehung des Lutherfestspiels.

Im Sommer des Jahres 1880 erlebte ich in Oberammergau die gewaltige Wirkung des dortigen Passionsspieles. Inmitten einer Welt der Zerklüftung und des Haders auf allen Lebensgebieten fand ich in diesem stillen Alpenthale vor dem Festspielhause eine Gemeinde von Schauenden vereinigt, welche nichts anderes zusammenhielt als der unbeschreibliche Eindruck eines von schlichten Landleuten kunstlos, aber mit der ganzen Wahrheit einfältiger Herzensempfindung dargestellten Spieles der erhabensten Begebenheit der Weltgeschichte. Tausende saßen da in der geräumigen, doch unbequemen, kaum vor Wind und Wetter ausreichend geschützten Bretterhalle, von früher Morgenstunde bis tief in den Nachmittag hinein in stummer Andacht dem Spiele folgend. Dieselben Menschen, die draußen in der Welt sich meiden oder bekämpfen, geschieden durch alle möglichen Gegensätze des Standes, der Bildung, des Bekenntnisses, der Interessen und Ueberzeugungen, hier saßen sie friedlich beieinander, durch einen großen Eindruck zusammengehalten, den auch manches wunderliche und seltsame des Spieles nicht aufzuheben vermochte.

Es gemahnte an Schillers Worte, mit denen er als den höchsten Triumph der Schaubühne es bezeichnet, „wenn Menschen aus allen Kreisen, Zonen und Ständen, abgeworfen jede Fessel der Künstelei und der Mode, herausgerissen aus jedem Drange des Schicksals, durch eine allwebende Sympathie verbrüdert, in ein Geschlecht wieder aufgelöst, ihrer selbst und der Welt vergessen und ihrem himmlischen Ursprung sich nähern.“ Schiller hat hierbei die Bühne der berufsmäßigen Schauspielkunst im Auge; aber nicht sie war es, von welcher solche Wirkung ausging, es war die einst mächtige, dann geschwundene, hier wieder belebte Volksbühne. Daß aber Wirkungen, wie sie einst von dieser ausgingen, auch in der

Gegenwart noch möglich sind, sobald nur die geeigneten Veranstaltungen geschaffen werden, war für mich eine der bedeutsamsten Erfahrungen jener Tage. Denn warum sollten nicht ähnliche Wirkungen auch von anderen als heiligen Stoffen ausgehen können, wenn ihnen nur eine höhere allgemeine, menschheitlich große Bedeutung beiwohnt? War hier nicht ein großartiges nationales Erziehungsmittel gegeben, das man nur richtig anzuwenden wieder lernen mußte?

Mit solchen Erwägungen verband sich der Ausblick auf die bevorstehende Feier des Tages, an welchem vor vier Jahrhunderten Luther dem deutschen Volke geboren war. Wenn es gelänge dem deutschen Volke durch ein geeignetes Volksschauspiel die Person und das Werk dieses größten aller deutschen Männer greifbar vor Augen zu führen und dadurch neue Begeisterung für die evangelische Sache zu entzünden! Hatte doch schon im Zeitalter der Reformation selbst die Aufführung geistlicher Dramen Luthers Billigung gefunden, der, wie Koestlin berichtet, es gehört hatte, „daß in Nieder-Deutschland an Orten, wo die Predigt des Evangeliums verboten sei, viele durch geistliche Schauspiele mit der evangelischen Lehre bekannt und für sie gewonnen worden seien."

Es galt, wie ich an anderer Stelle es ausgesprochen, „in einer religiös erschlafften Zeit das noch unbenutzte, aber gewaltigster Wirkung sichere Mittel einer *deutschen Volksbühne in den Dienst der evangelischen Sache zu stellen* und auch die dem kirchlichen Leben entfremdeten Kreise wieder heranzuführen an den Reformator und sein Werk; gegenüber dem verwirrenden Einfluß einer die Wahrheit fälschenden, die Schattenseiten der Reformation gewaltsam aufbauschenden, Luthers Bild zur Karrikatur verzerrenden Geschichtsschreibung eben dieses Bild in seiner leuchtenden, alles vergänglich Schwache mächtig überstrahlenden Wesenswahrheit in greifbarer Lebendigkeit vor die Augen zu stellen und in die Herzen einzugraben. Es galt eben dadurch in unserem Volke wieder das rechte Verständnis und das lebendige Bewußtsein der unvergänglichen Güter zu erwecken, welche das deutsche Volk, und nicht nur das protestantische, der Reformation verdankt, und von deren fortgesetzter treuer Pflege die in der evangelischen Freiheit des deutschen Geisteslebens wurzelnde Größe der Nation abhängt."

Aber wo war der Dichter, der ein solches Werk zu schaffen vermochte? Er mußte warmer und tiefer Empfindung fähig sein, er mußte lesen können in der Seele des Volkes und reden in der Sprache des Volkes, er mußte die Geschichte kennen und ihren Pulsschlag verstehen, er mußte mit dem allen die Kraft dichterischen Schaffens und die Erfahrung bühnenmäßiger Wirkung verbinden.

Im Herbst des Jahres 1882 wünschte ich den Erinnerungstag von Sedan mit meinen Gymnasiasten durch ein vaterländisches Festspiel zu feiern und nahm hierbei den Rat meines damals in Jena lebenden Freundes O. Devrient in Anspruch. Er überließ mir sein vaterländisches Schauspiel „König Rothbart“, das zur Begrüßung der aus dem Kriege heimkehrenden Soldaten und ihrer Führer gedichtet und am Friedensfest im Mai 1871 zu Karlsruhe aufgeführt worden war.

Der erste Teil des Stückes war bei einigen scenischen Vereinfachungen für unseren Zweck wie geschaffen. Unter Beihülfe des Dichters wurde eine Naturbühne entdeckt, die scenische Einrichtung getroffen. „In einem Steinbruch auf der Höhe des Forstberges“, so erzählt der Dichter im Vorwort des kürzlich bei Breitkopf und Härtel erschienen Dichtwerks „die Scenerie, aus dem Bruchfelsen zum Innern des Kyffhäuser gestaltet, unter freiem Himmel, den Blick zur Linken auf den Napoleonstein, das Denkmal der deutschen Erniedrigung, zur Rechten auf den Forstturm, das Kriegerdenkmal der deutschen Erhebung im Siebenzigerkriege, die Zuschauer im Halbkreis des Steinbruchs gelagert, so stellten Schüler des Gymnasiums die Rollen dar, während andere im Wald verborgen die vaterländischen Lieder sangen“.

Dieses Spiel machte auf Mitwirkende und Zuschauende den bedeutendsten Eindruck. Hier wirkte eine Dichtung von wahrhaft vaterländischem Gehalt durch die treffende Schlagsicherheit ungekünstelter, kerniger Sprache, wie durch die warmherzige, edle Vaterlandsliebe, die Wort und Handlung durchdringt. Dazu die Darstellung begeisterter Jünglinge, die in frischer Unmittelbarkeit sprachen und handelten.

Und hier waren ja auch die Keime zahlreicher geschichtlicher Volksstücke, hier der Keim vor allen zum Luther:

Zu Worms am alten grünen Rhein
Da läuten die Glocken den Kirchtag ein;
Da sitzen die Fürsten und Herren im Saal,
Da sitzt mancher Bischof und Cardinal,
Da sitzet der Kaiser mit seiner Macht,

Da gleißet und glänzt es von Erdenpracht.
Und mitten in den Glanz hinein
Tritt da ein bleiches Münichlein,
Ohne Waffen, Wehr und Prunkgewand,
Hat nur ein Buch in seiner Hand,
Spricht da in guten Gottes Namen:
„Ich kann nit anders, Gott helf' mir, Amen."

Jetzt war der Dichter gefunden; wer den Rothbart geschaffen, war zu jeder volkstümlichen Darstellung eines vaterländischen Stoffes berufen, ja er mußte in ihrer Bearbeitung seine dichterische Eigenart erst zur vollen Entfaltung bringen. Devrient ergriff den ihm entgegengebrachten Gedanken einer großen volkstümlichen Lutherdichtung zur Aufführung für und durch das Volk sogleich mit Wärme, ja mit Begeisterung. Alsbald begannen die Studien der geschichtlichen Quellen, welche er mit dem Eifer und der Sicherheit eines geschulten Historikers betrieb. Gerade die gelehrten Beurteiler waren es, welche später die Urkundlichkeit der Lutherdichtung in Erstaunen setzte. „Nicht allein die bedeutenderen Geschichtswerke", so schrieb nach den ersten Aufführungen ein dem Dichter, wie den Jenaer Kreisen persönlich unbekannter theologischer Berichterstatter, „hat er vollständig studiert, nicht nur die neueren großen Biographien Luthers in reichem Maße ausgenutzt, sondern wir zweifeln nicht, daß er auch in Luthers Werken mehr gelesen hat, als die große Mehrzahl der Berufenen. Einzelne Partien, einzelne Striche und auch einzelne Scenen verraten uns, daß der Dichter sogar Monographien benutzt hat, die sich mit einzelnen Seiten der Persönlichkeit Luthers ausschließlich beschäftigen, so daß er auch die Biographien der Zeitgenossen Luthers befragt haben muß, um für das große Ensemble den Ton zu treffen".

Hinsichtlich der Form, welche dem Ganzen zu geben sei, schwebte anfänglich ein weiterer Rahmen vor. Die Einrichtung des Passionsspieles und dann auch wieder der Rothbart führte auf den Gedanken einer großen Zweiteilung. Der erste vorbereitende Teil in Bildern und Gesängen und nur mit Hülfe eines etwa an allgemeine Figuren geknüpften Textes die Wendepunkte der Beziehungen zwischen Reich und Kirche in der Vorzeit darbietend, wie Bonifatius und die Donareiche, Papst und Kaiser zu Canossa, Conrad von Marburg und die heilige Elisabeth, Huß zu Costnitz u. a. Dann im zweiten Teile das eigentliche Lutherdrama. Aber der klare und auf das Erreichbare gerichtete Blick des Dichters erkannte bald die inneren und äußeren Schwierigkeiten einer so ausgedehnten Umrahmung, und ich mußte ihm beipflichten, daß in unserer Lage die Beschränkung auf den zweiten Teil geboten sei.

Noch mehr standen in zwei anderen Hauptfragen unsere Anschauungen im Einklange. Erstens, daß Luther nicht in der Beschränkung auf die kirchlich-theologische Seite zu behandeln sei, sondern in der ganzen Fülle seiner mächtigen Persönlichkeit als der gewaltigste Vertreter deutschen Wesens, als das leibgewordene Volksgewissen, als der schöpferische Genius deutscher Volksnatur dargestellt werden müsse; daß mithin das Festspiel keineswegs einen rein kirchlichen, sondern einen lebendig realen, zuständlichen, bühnenmäßigen Charakter tragen müsse. Und zweitens, daß nicht die Rede sein könne von einem Kunstdrama im herkömmlichen Sinne, welches in der kunstgerechten Entwickelung und Lösung eines dramatischen Konfliktes Bewegung und Einheit gewinnt. Luthers Leben bietet viele Konflikte, aber keiner eignet sich zu dramatischer Behandlung, keiner vermag auch den ganzen Mann und die Summe seines geschichtlichen Wirkens zur Anschauung zu bringen. Und ist es überhaupt ein würdiges und berechtigtes Ziel ein großes Zeitbild mit seinen befreienden Geisteskämpfen durch das Mittel dramatischer Darstellung dem Volk in seiner Gesamtheit anschaulich zu machen, so muß einem solchen Drama auch sein eigenes, aus seinem Zweck geborenes Kunstgesetz zugestanden werden. Die künstlerische Einheit kann hier nur in der Einheit der Person und der von ihr vertretenen Idee gesucht werden, welche in allen einzelnen Scenen und Bildern die eigentliche Triebkraft bildet. Wie nun Devrient den gewaltigen Stoff in allen seinen Teilen erst beherrschen, dann auszuwählen, zu gliedern und zu gestalten wußte, das war eine Freude zu beobachten. Zuerst ging er an die Bearbeitung der Wartburgscene; als er sie mir vorlas, da war kein Zweifel mehr an dem Gelingen des Ganzen. Scene auf Scene entstand nun, in kaum drei Monaten war die Dichtung vollendet.

So war die wichtigste Vorbedingung des Unternehmens erfüllt, die Dichtung war geschaffen. Nun galt es, sie in das Leben zu führen. Bis dahin wußten nur einige vertraute Freunde um die Sache. Ich veranlaßte den Dichter, zunächst einem engern Kreise von Männern der gelehrten und bürgerlichen Stände Jenas Teile der Dichtung in meiner Wohnung vorzulesen. Der Eindruck war ein durchschlagender; mit freudigster Bereitwilligkeit versprachen die Anwesenden thatkräftige Unterstützung. Zunächst waren die ersten Geldmittel für das Unternehmen bereit zu stellen. Ein Aufruf an die Bewohner Jenas forderte zur Bildung eines Garantiefonds auf. Bald war die Summe von 5000 Mark gezeichnet, ein Fünftel derselben baar eingezahlt. Es folgte ein Aufruf zur Mitwirkung, er fand begeisterten Anklang, aus allen Kreisen der Hochschule und der Bürgerschaft meldeten sich berufene Kräfte. An den Aufbau eines Festspielhauses war freilich einstweilen nicht zu denken, wir mußten uns in die beschränkten Verhältnisse des in Jena befindlichen Theatergebäudes schicken, welches der Eigentümer, Herr Braumeister Köhler, bereitwillig zur Verfügung stellte. Die freie Lage dieses Hauses in freundlicher Gartenumgebuug war dem Zwecke dienlich.

Glänzend bewährte sich die Gabe des Dichters zu führen, zu ordnen, zu gestalten. Die Anpassung der Handlung an die beschränkten Raumverhältnisse der Bühne, die Verteilung und Einübung der Rollen, das Zusammenspiel, die Gliederung und Bewegung der großen Volksszenen, zugleich auch der möglichst vorteilhafte Einkauf der zu den Gewändern erforderlichen Stoffe und deren stilgemäße Verarbeitung, die Herstellung der scenischen Einrichtung, kurz die ganze bühnenmäßige Ausstattung, alles das nahm die unermüdliche Thätigkeit des einen Mannes in Anspruch. Erstaunlich war es, wie der Dichter überall zu beleben, anzuregen, zu erheitern und zu begeistern wußte, wie die schwierigsten Hindernisse spielend überwunden wurden und die widersprechende Fülle des Einzelnen und Verschiedenen zu planvoller Einheit sich fügen mußte. In dem hingebenden frischen, opferwilligen Eifer aller Beteiligten, in dem verständnisvollen Eingehen auf seine Leitung, aber auch in dem Neuen nnd Anziehenden, welches für den Künstler in dem Arbeiten mit ungeschulten, aber frei empfindenden und zum Teil hochgebildeten Kräften lag, fand derselbe sich aufs willkommenste unterstützt und immer neu angeregt.

Eine ausgezeichnete Helferin war ihm schon damals Fräulein Minna Kuhlmann, seine liebenswürdige, von der höchsten Auffassung ihrer Kunst getragene Schülerin, die charaktervolle Darstellerin der Käthe. Ihre zugleich künstlerische und praktische Begabung, ihre warmherzige und selbstlose, treue Hingabe hat an dem Gelingen unseres Werkes und an der erfolgreichen Weiterführung desselben reichen Anteil gehabt.

Noch fehlte die Weihe der Tonkunst, die uns unentbehrlich schien. In dem Gesanglehrer des Gymnasiums, Herrn Musikdirector Ludwig Machts, fand sich der Tonsetzer, welcher mit feinem Sinn und künstlerischer Bescheidenheit dieser Aufgabe gerecht wurde. Er schuf eine Musik, welche in charakteristischen Tonbildern das Ganze wie die Teile angemessen einleitet, gewisse Stufen der Handlung stimmungsteigernd begleitet und für die gesanglichen Teile derselben einfache, stilgemäße Weisen darbietet.

Gleichzeitig war eine Fülle mehr geschäftlicher Aufgaben zu bewältigen, deren wir andern uns annahmen. Die vorbereitende Besprechung des Unternehmens in der Presse, die Ankündigung der Aufführungen, der Verkehr mit den Behörden, die Anstellung des helfenden und dienenden Personals, das Billetwesen, besonders der Verkauf nach auswärts, die Verhandlungen mit den Directionen der Eisenbahnen um Gewährung von Sonderzügen und Fahrvergünstigungen, die Herstellung der Theaterzettel und Anschläge in den größeren Städten, die Bestimmungen bezüglich der Hausordnung und Aufsicht an den Spieltagen, die Sicherung gegen Feuersgefahr, der Abschluß von Verträgen mit dem Theaterbesitzer, dem städtischen Musikdirector, die Regelung des Kassenwesens, dies und ähnliches nahm die Thätigkeit vieler in Anspruch. Die mehr litterarischen Aufgaben nahmen die Herren Professor Dr. Litzmann, Gymnasiallehrer Dr. Ritter, Superintendent Braasch und der Verfasser dieser Schrift in die Hand, den Verkehr mit den Behörden Herr Oberlandesgerichtsrat Prof. Dr. Fuchs, alles Kaufmännische Herr Hoflieferant Schulze; Hof- und Justizrat Dr. Gille, Gymnasiallehrer Dr. Schrader, auch die Herren Rentner Dornbluth, M. Weimar, Verlagsbuchhändler Fischer, Bürgermeister Dr. Eucken, Oberlandesgerichtsrat Krieger und andere leisteten mannigfachen Beistand und Hülfe.

Am 20. Oktober fand die erste Aufführung statt, welcher bis zum 10. November noch neun Wiederholungen folgten. Eine Darstellung derselben ist nicht Aufgabe dieses Berichtes, die gesamte Presse des evangelischen Deutschlands hat von dem unbestrittenen, großartigen Erfolge Zeugnis abgelegt. Was wir im stillen gewollt und angestrebt, aber auszusprechen nicht gewagt hatten, daß neben der religiösen und vaterländischen Erhebung durch das Festspiel zugleich das Bild und das Wesen einer deutschen Volksbühne lebendig werden möchte, das wurde jetzt laut und übereinstimmend als Leistung und That anerkannt. Manche Zweifel und Bedenken, die vorher laut geworden waren, verstummten jetzt. Kein geringerer als Karl Hase, der ehrwürdige Senior der Universität, der Meister kirchengeschichtlicher Forschung, setzte jetzt seinen Namen unter unsere Aufrufe, wurde ein eifriger Gönner und Förderer unseres Unternehmens, nachdem er früher in seinem Buch über das kirchliche Schauspiel des Mittelalters die Zweckmäßigkeit solcher Aufführungen für die Gegenwart bezweifelt hatte. Die philosophische Fakultät der Hochschule verlieh dem Dichter die Würde eines Doctor honoris causa, die Gemeindebehörden der Stadt machten ihn zum Dank für die der Stadt Jena mit dem alleinigen Recht der Aufführung gewidmete Dichtung zum Ehrenbürger, die allgemeine Empfindung war, daß mit Devrients Lutherdichtung und der Form ihrer Darstellung nicht eine vorübergehende Festfeier, sondern ein dauerndes Werk gegründet sei. Das sprach der Großherzog Karl Alexander von Weimar, als er mit innerstem Anteil und tiefer Bewegung einer unserer Aufführungen gefolgt war, in dem treffenden Worte aus: „Das ist keine Unternehmung, das ist eine That". Der Wunsch das Jenenser Lutherfestspiel zu einer dauernden Einrichtung, zum Eigentum des protestantischen Deutschlands gemacht zu sehen, wurde mit Nachdruck ausgesprochen. Prof. Pfleiderer in Berlin schrieb in der N. Ev. Kirchenzeitung: „ein großer, herrlicher Wurf ist gelungen, und nur das Eine muß wieder und immer wieder bedauert werden, daß verhältnißmäßig so wenige Zeugen dieses erhebenden Spieles sein können. Hoffen wir denn, daß es durch weitere Ausbreitung zuletzt ein Nationaleigentum des evangelischen Deutschlands werde". Und in der Prot. Kirchenzeitung hieß es: „Das religiöse Drama, wie die Alten es hatten und in seiner Art auch das Mittelalter, ist hier in das Protestantische übersetzt, aus dem Geist der Reformation neu geboren, zur passenden Erscheinung des protestantisch-deutschen Volksgeistes geworden. — Darum zweifle ich auch nicht daran, daß dieses schöne Festspiel nicht auf Jena und nicht auf das Jubiläumsjahr beschränkt bleiben, sondern überall im protestantischen Deutschland eine bleibende Stätte finden und noch viele Tausende ebenso erquicken und erheben wird, wie jetzt die Jenenser Zuschauer und ihre Gäste".

2. Das Lutherfestspiel als dauernde Einrichtung und die Gründung des Lutherfestspielvereins.

Wir meinten zunächst für Jena die regelmäßige Wiederkehr des Festspiels ins Auge fassen zu müssen. Schon am 31. Oktober hatte ich die Unterzeichner des Aufrufs zu einer Besprechung der Frage eingeladen. Fehlte es doch auch nicht an Stimmen, welche vor einer Wiederholung warnten.

Man solle sich an dem errungenen Erfolge genügen lassen; ein erneuter Versuch, welcher nicht mehr durch die Begeisterung des Lutherjahres getragen sei, habe doch seine Bedenken; es werde sich nach so hochgesteigerter Erregung leicht eine Abspannung fühlbar machen. Aber gerade um eine dauernde Wirkung war uns zu thun gewesen, es galt die geweckte Teilnahme und Begeisterung zu erhalten, zu steigern, ihren Umfang zu erweitern. Diese Kraft trauten wir dem Werke zu. War dieser Glaube eine Täuschung? Nur eine Wiederholung konnte das entscheiden. Freilich stand man großen praktischen Schwierigkeiten gegenüber. Die Räume des Theaters hatten sich als unzulänglich, die Verhältnisse hinter der Bühne z. T. als unerträglich erwiesen, der Dichter machte seine weitere Mitwirkung durchaus von der Herstellung würdiger Räumlichkeiten abhängig. Der Gedanke eines Festspielhauses bestand, aber an seine Ausführung konnte in absehbarer Zeit nicht gedacht werden, denn dazu bedurfte es ganz anderer Geldmittel, als die waren, über welche wir verfügen konnten.

Aber es mußten Wege gefunden werden, die Wiederholung der Spiele für das nächste Frühjahr zu sichern. Einem engeren Ausschuß wurde die Vorbereitung der nötigen Schritte überlassen.

Durch Aufruf vom 3. März 1884 forderten wir nun zur Mitwirkung für die zweite Spielperiode auf. Derselbe bezeichnet genau den grundsätzlichen Standpunkt und die nächsten Ziele. Es hieß darin: „Durch die Wiederholung der Spiele soll festgestellt werden, ob der in der Presse mehrfach ausgesprochene Wunsch, das Lutherestspiel zur stehenden Einrichtung für Jena, zu einer nationalen

Sache des protestantischen Deutschlands gemacht zu sehen, wirklich in weiteren Kreisen der protestantischen Bevölkerung geteilt wird. Stellt sich das durch die den Aufführungen wiederum geschenkte Teilnahme und ihre öffentliche Beurteilung als sicher heraus, so werden wir eine periodische Wiederholung der Spiele und zu diesem Zwecke auch einen Umbau des Bühnenhauses ernstlich ins Auge fassen".

Die Aufforderung fand lebhaftesten Anklang. Von den früheren Darstellern erklärten die meisten ihre Bereitwilligkeit, neue traten hinzu. Ueber die weiteren Maßnahmen erstattete ich am 16. März dem Ausschuß Bericht.

Das Inventar war aufgenommen und versichert worden. Ein von Dr. Devrient eingereichter Plan zum Umbau des Theaters war geprüft und von sachmännischer Seite auf c. 60 000 M. veranschlagt worden. Doch hatte Dr. Devrient sich geneigt finden lassen für die nächste Spielperiode mit der Ausführung der allerdringlichsten Verbesserungen, welche namentlich in einer Erweiterung der Ankleideräume bestanden, zufrieden zu sein. Da auch der Eigentümer des Hauses mit Herstellung derselben auf Kosten des Unternehmens einverstanden war, so konnte die Hauptschwierigkeit als beseitigt gelten.

Die Ausführung dieser baulichen Verbesserungen wurde beschlossen und kam rechtzeitig zu Stande. Im Mai und Juni wurde das Festspiel vor einer aus Nah und Fern herbeigeeilten, für unsere kleinen Verhälnisse fast erdrückenden Menge von Zuschauern in acht Aufführungen wiederholt.

Der Erfolg übertraf alle Erwartungen und machte jeden Zweifel an der Lebensfähigkeit der Sache verstummen. Bereits nach den ersten Spieltagen trat diese Stimmung hervor. Unter ihrem Eindruck legte ich dem Ausschuß in einer Sitzung vom 26. Mai 1884 einen Plan für die Weiterführung der Sache vor: Regelmäßige Wiederholungen der Spiele in längeren Zwischenräumen unter Leitung und Mitwirkung des Dichters, Aufrichtung eines geräumigen Bühnenhauses durch Umbau des Köhlerschen Theaters oder durch Neubau auf einem zu erwerbenden Grundstücke; Ausarbeitung von Bauplänen für jeden dieser Fälle; Gewinnung der Bausumme durch Einzahlungen auf Grund von Anteilscheinen; Unkündbarkeit auf 10 Jahre, dann Verzinsung und periodische Ausloosung. Festere Organisation der Teilnehmenden. Der für Gewinnung der Bau=

summe vorgeschlagene Weg fand zu meinem Bedauern wenig Anklang; auch sonst traten Meinungsverschiedenheiten hervor. Man machte geltend, daß vor allem die schwierige Rechtsfrage gegenüber dem Dichter gelöst werden müsse. Wie sollte das der Stadt Jena zugesicherte Aufführungsrecht, ihr Eigentum an der Dichtung, zum rechtlichen Ausdruck kommen? Ein Vertrag war abzuschließen, denn der Dichter knüpfte seine Uebertragung an bestimmte Bedingungen. Darunter befand sich die Forderung eines Theaterbaues oder Umbaues. Daß die städtischen Behörden diese Verpflichtung übernehmen würden, daran war gar nicht zu denken. Herr Bürgermeister Dr. Eucken machte daraus kein Hehl, aber er fand zugleich den richtigen Ausweg: Bildung eines besonderen Vereins mit juristischer Persönlichkeit, in dessen Vorstand der jeweilige Gemeindevorstand als solcher Sitz und Stimme haben müsse, vertragsmäßiges Abkommen des Dichters mit diesem Verein. Dr. Eucken arbeitete einen Vertragsentwurf aus, welchem Dr. Devrient eine ziemlich abweichende „Punktation" seiner Bedingungen entgegenstellte. Auf dem Wege brieflicher Verhandlungen, die ich mit dem Dichter führte, kam ein Ausgleich dahin zu Stande, daß bis Frühjahr 1885 die Bildung des Vereines erfolgt sein und dieser sich zur Beschaffung eines entsprechenden Schauspielraumes verpflichten müsse. Eine Wiederholung der Spiele im Frühjahr 1885 dürfe jedoch noch einmal in den früheren Verhältnissen stattfinden. Nunmehr beschloß der Ausschuß die Bildung eines organisierten Vereines. Den Entwurf von Satzungen für einen solchen arbeitete Herr OLGR. Krieger aus und legte ihn dem Ausschuß am 4. Oktober vor. Nach eingehender Prüfung in mehreren Sitzungen gelangte derselbe zur endgiltigen Feststellung und wurde in einer unter Vorsitz des Herrn OLGR. Fuchs am 21. Januar 1886 abgehaltenen allgemeinen Versammlung einstimmig angenommen. Auf Grund derselben erfolgte gleichzeitig die Bildung des Vereins und die Wahl eines Vorstandes. Auf Antrag des Herrn Prof. Delbrück wurde Dr. Devrient einstimmig zum Ehrenmitglied ernannt.

Das angenommene Statut hatte folgenden Wortlaut:

Zweck des Vereins.

§ 1.

Der Verein bezweckt zur dauernden Erinnerung an das im Jahre 1883 gefeierte Lutherfest, die periodische Wiederaufführung des Devrient'schen Lutherfestspieles oder die Aufführung gleichartiger dramatischer Werke von sittlich-religiöser oder patriotischer Bedeutung in der Stadt Jena zu sichern.

Sitz.

§ 2.

Der Verein hat seinen Sitz in Jena.

Mitgliedschaft.

§ 3.

Mitglied des Vereins kann jede unbescholtene Person werden, welche bereit ist, den in § 1 bestimmten Zweck zu fördern und einen jährlichen Beitrag von mindestens 3 Mark zur Kasse des Vereins zahlt.

Der Austritt erfolgt durch ausdrückliche schriftliche Erklärung oder durch die auf Auffordern verweigerte Zahlung des Jahresbeitrages.

Die Generalversammlung hat das Recht Ehrenmitglieder zu ernennen.

Vermögen.

§ 4.

Sobald dem Verein die Rechte einer juristischen Persönlichkeit erteilt sein werden, wird demselben der aus den bisherigen Aufführungen des Lutherfestspiels erzielte Baarüberschuß, sowie der Bestand an Garderobe, Requisiten u. dergl. m. zu Eigenthum übertragen.

Verwaltung und Vorstand.

§ 5.

An der Spitze des Vereins steht ein Vorstand von fünf Vereinsmitgliedern, welchem insbesondere die Verwaltung des Vereinsvermögens, sowie die Beschlußfassung über die Aufführungen und deren geschäftliche Leitung, unbeschadet der dem Herrn Dr. Devrient in letzterer Beziehung zustehenden persönlichen Vertragsrechte, obliegt. — Der Vorstand kann sich durch Kooptation bis zu 10 Personen ergänzen. Außerdem soll der Gemeindevorstand der Stadt Jena ersucht werden, in der Person des Bürgermeisters oder dessen Stellvertreters in den Vorstand einzutreten. Wird dies abgelehnt, so kann ein weiteres Vorstandsmitglied durch Kooptation zugezogen werden. — Die Zahl der Vorstandsmitglieder soll stets eine ungerade sein.

§ 6.

Der erste Vorstand nach Bildung des Vereins besteht aus nachfolgenden Personen:

1. Herr Superintendent Braasch.
2. „ Professor Dr. Delbrück.
3. „ Rentier Ed. Dornbluth.

4. Herr OLG.-Rath Professor Dr. **Fuchs**.
5. „ Hoflieferant H. **Schulze**.

Von den **nicht kooptirten** Vorstandsmitgliedern scheidet, abgesehen von dem Vertretern der Stadt Jena, alljährlich ein Mitglied aus, während der ersten 4 Jahre durch das Loos, später nach dem Alter der Vorstandsmitgliedschaft bestimmt. Ebenso scheidet von den kooptirten Mitgliedern alljährlich ein durch das Loos bestimmtes Mitglied aus.

Die Ergänzung der nach vorstehender Bestimmung oder aus sonstigen Gründen ausscheidenden **nicht** kooptirten Vorstandsmitglieder erfolgt durch Wahl der Generalversammlung (§ 8), diejenigen der kooptirten Mitglieder durch die in § 5 zugelassene Kooptation, falls eine solche für erforderlich erachtet wird. — Wiederwahl ist statthaft.

§ 7.

Der Vorstand wählt aus seiner Mitte einen Vorsitzenden, einen Stellvertreter, einen Kassenführer und einen Schriftführer. — Gerichtlich und außergerichtlich wird der Verein durch den Vorsitzenden und den Rechnungsführer vertreten, auch bedürfen schriftliche Erklärungen des Vereins der Unterschrift dieser beiden Vorstandsmitglieder zur Rechtsgültigkeit der Erklärung nach außen hin. Die Geschäftsordnung des Vorstandes wird durch ihn selbst festgestellt.

Generalversammlung.

§ 8.

Die in Jena alljährlich abzuhaltende Generalversammlung der Vereinsmitglieder hat:

1) den Jahres- und Rechnungsbericht des Vorstandes entgegenzunehmen,
2) zwei Rechnungsrevisoren aus den Mitgliedern des Vereins zu ernennen, welche nach Erledigung etwaiger Erinnerungen die Rechnungsentlastung zu ertheilen haben,
3) über solche Rechnungserinnerungen, welche nicht nach Ziff. 2 Erledigung gefunden haben, Beschluß zu fassen,
4) die nach § 5 u. 6 erforderlichen Wahlen vorzunehmen,
5) Beschluß über etwaige Statutenänderungen und Auflösung des Vereins zu fassen.

Die Anberaumung der ordentlichen, sowie etwaiger außerordentlicher Generalversammlungen, welche letzterer erfolgen müssen, wenn mindestens fünfzehn Mitglieder unter schriftlicher Angabe des Zwecks eine solche beantragen, geschieht durch den Vorstand, die Einladung zu denselben ist unter Angabe der Tagesordnung in eine oder mehrere der in Jena erscheinenden Zeitungen und in die vom Vorstand zu bestimmenden auswärtigen Zeitungen, mindestens 8 Tage vor dem Tage der Versammlungen einzurücken. — Die Generalversammlung entscheidet durch einfache Stimmenmehrheit der erschienenen Mitglieder. Zu Statutenänderungen und zur Auflösung des Vereins ist neben Stimmenmehrheit in der Generalversammlung auch Stimmenmehrheit des jeweiligen Vorstandes erforderlich.

§ 9.

Im Fall der Auflösung des Vereins fällt dessen Vermögen an die Stadt Jena, welche dasselbe als besonderen Fonds unter der Bezeichnung „Devrient'sche Lutherfestspiel-Stiftung“ zu verwalten und dessen Erträgnisse zur Unterstützung gemeinnütziger, künstlerischer oder wissenschaftlicher Zwecke zu verwenden hat.

Der zur Zeit der Auflösung des Vereins bestehende Vorstand kann diese Zwecke bei Ueberweisung des Vereinsvermögens an die Stadt, nach eingeholter Zustimmung der Generalversammlung, näher bestimmen.

§ 10.

Der Verein hat die Erteilung der Rechte der juristischen Persönlichkeit nachzusuchen.

Der Vorstand des neu gegründeten Vereins sah sich vor eine Reihe wichtiger Aufgaben gestellt. Es galt dem Verein eine möglichst große Ausbreitung zu geben, seine Rechtsverhältnisse nach allen Seiten sicher zu stellen, die Herstellung eines würdigen Bühnenhauses anzustreben, endlich die regelmäßige Wiederkehr der Spiele selbst zu sichern und jedes Mal vorzubereiten.

Nur wenn in den weitesten Kreisen sich thatkräftige Teilnahme zeigte, durften wir auf die Durchführung und Behauptung des grundsätzlich eingenommenen Standpunktes hoffen. Darum wurde im April folgender „Aufruf“ erlassen und in den gelesensten Zeitungen Deutschlands veröffentlicht:

Die Aufführungen von Otto Devrient's historischem Charakterbild „Luther“, durch welche Jena im Jahre 1883 das vierhundertjährige Geburtsjahr des großen Reformators gefeiert hat, haben die Aufmerksamkeit der weitesten Kreise innerhalb Deutschlands, ja über dasselbe hinaus, auf sich gezogen.

Männer und Frauen aus den verschiedensten Ständen Jena's hatten sich auf den Ruf des Dichters und Lutherdarstellers hin vereinigt unter seiner Führung die historisch treue, von protestantischem Geiste getragene und echt volksthümliche Dichtung zur Darstellung zu bringen, und der Erfolg war ein unerwarteter.

Bei jeder Wiederkehr der Spiele wurde der Zudrang zu denselben ein größerer und auch ihre Wiederholung im Jahre 1884 zeigte ein wachsendes Interesse für dieselben. Auch in der Presse und zwar der verschiedensten kirchlichen Parteistellung fand diese Anerkennung lauten Wiederhall.

Dabei ist wiederholt in dringender Form der Wunsch ausgesprochen worden, die Aufführungen des Lutherfestspiels in bestimmten Perioden in Jena zu wiederholen, da dieselben für die protestantische Welt zu einem wirksamen Mittel werden könnten, die Begeisterung des Lutherjahres 1883 möglichst lebendig zu erhalten, wie überhaupt das protestantische Bewußtsein zu beleben und zu kräftigen.

Dieser Wunsch hat in Jena die ihm gebührende Würdigung gefunden. Es ist dort im Januar dieses Jahres ein Lutherfestspielverein ins Leben gerufen worden, der sich vor Allem die Aufgabe gestellt hat, die periodische Wiederaufführung des Devrient'schen Lutherfestspieles, welches der Dichter der Stadt Jena geschenkt hat, in der Stadt zu sichern.

Die wesentlichste Bedingung für diese Sicherung aber ist die Erbauung eines besonderen „Festspielhauses". Die beschränkten Verhältnisse des bisher benutzten Theaters lassen die Dichtung nicht zu ihrer vollen Geltung kommen, verursachen für Spieler wie für Zuschauer große Unbequemlichkeiten, und durch sie wird bei dem großen Andrange zu den Spielen eine so häufige Wiederholung derselben nöthig, daß Zeit wie Kräfte, vor allem des Lutherdarstellers Otto Devrient, aber auch der übrigen Mitspieler über alles Maß hinaus in Anspruch genommen werden.

Ein solches Lutherfestspielhaus wird nun ohne Schwierigkeiten zu schaffen sein, wenn die protestantische Welt in möglichst weiten Kreisen die Sache des Lutherfestspielvereins als die ihrige erkennt und dementsprechend thatkräftig für dieselbe eintritt.

So wenden wir uns denn an alle diejenigen, denen es am Herzen liegt, daß die durch das Lutherjahr herbeiführte Kräftigung und Erweiterung des protestantischen Bewußtseins erhalten bleibe und zunehme, und welche in der Wiederholung des Devrient'schen Lutherfestspiels mit uns ein Mittel erkennen, dies zu bewirken, mit der Bitte, durch Beitritt zu dem Lutherfestspielverein die Verwirklichung des gesteckten Zieles zu ermöglichen.

Die Mitgliedschaft wird durch die Zahlung von mindestens 3 Mark Jahresbeitrag an die Kasse des Vereins erworben. Anmeldungen nimmt der Kassierer des Vereins, Herr Hoflieferant H. Schulze in Jena entgegen, von dem auch die Statuten des Vereins zu beziehen sind.

Freilich erfüllten sich die an den Aufruf geknüpften Hoffnungen nur in bescheidenem Maße. Die Zahl der Mitglieder betrug im J. 1885 ungefähr 400 und sank in den nächsten Jahren wieder herab, wenn auch an Stelle der ausscheidenden manche neuen Freunde gewonnen wurden. Unter ihnen haben wir am freudigsten den Beitritt zahlreicher Mitglieder aus Siebenbürgen begrüßt, eine Folge der durch die Aufführungen in Hermannstadt mit dem Verein geknüpften warmen Beziehungen, worüber unten zu berichten sein wird. Ein sicherer Rechtsboden konnte dem Verein nur durch Erwerbung von Korporationsrechten erwachsen. Deshalb richtete der Vorstand in Erfüllung des § 10 der Statuten gleichzeitig mit dem Erlaß des Aufrufs ein von Herrn OLGR. Krieger entworfenes Gesuch an den Gemeindevorstand um Erteilung der Rechte einer juristischen Persönlichkeit mit der Bitte, dieses Gesuch an die zuständige Staatsbehörde zu befördern und befürworten zu wollen.

In der Begründung hieß es u. a.: „Das Bedürfnis für die Uebernahme der vorerwähnten nicht unerheblichen Werte (Inventarien im Werte von nahezu 6000 Mk., ein Baarvermögen von c. 3000 Mk., die Mitgliederbeiträge), so wie für die seitens des Verfassers zugesicherte Uebertragung und Ausübung des ausschließlichen Aufführungsrechtes des Devrient'schen Lutherfestspiels klarere und einfachere Rechtsverhältnisse zu schaffen, als dies ein Verein ohne juristische Persönlichkeit ermöglichen würde, ist das Motiv zu § 10 der Statuten und zu gegenwärtigem Gesuche gewesen." Unserem Gesuche wurde durch gnädigste Entschließung S. K. H. des Großherzogs nach Vortrag im Staatsministerium vom 21. Mai 1885 entsprochen. Der Verein erhielt „die Rechte der juristischen Persönlichkeit" unter der Bedingung, daß Statuten-Aenderungen nur mit Genehmigung des Kultus-Departements erfolgen dürfen.

Von größter Bedeutung war nun, daß es nach längeren Verhandlungen gelungen war, die rechtliche Form zu finden, unter welcher der Dichter sein für Jena geschaffenes Werk vertragsmäßig übergeben konnte. Bereits am 30. März hatte derselbe in Oldenburg den zwischen beiden Teilen vereinbarten Vertrag unterzeichnet. Nach demselben überließ der Dichter dem Lutherfestspielverein zu Jena sein Werk „als unveräußerliches Geschenk zur ausschließlichen Berechtigung der Darstellung". Als Bedingungen dieser Schenkung waren vereinbart: die Aufführung des „Luther" in regelmäßiger Wiederkehr und unter jedesmaliger Leitung sowie Darstellung der Lutherrolle durch den Dichter, sodann die vom Verein zu übernehmende Verpflichtung „sobald die Mittel desselben dazu ausreichen, ein den Zwecken des Festspiels entsprechendes Festspielhaus zu erbauen". Der Dichter verzichtet für sich und seine Rechtsnachfolger auf jeden Anteil am Reingewinn und überträgt sowohl diesen wie das vorhandene Inventar dem Verein zum Eigentum.

Wir haben oft ein drückendes Gefühl empfunden gegenüber der in diesem Vertrag kundgegebenen Hochherzigkeit, und mehr als ein Mal ist der Versuch gemacht worden, in dieser oder jener Form den Dichter zu einer Anteilnahme am Gewinn zu bestimmen. Er hat alle solche Anträge rundweg abgelehnt: die Dichtung sei zu einem idealem Zweck geschaffen worden, er wolle seinen Gedanken durch die nachträgliche Vermischung mit Rücksichten auf Geldgewinn nicht fälschen.

Zur Vollendung der Organisation des Vereins schien es von Bedeutung denselben unter den **besonderen Schutz und Schirm** Seiner **Königl. Hoheit des Großherzogs Karl Alexander von Sachsen** stellen zu dürfen. Als Geisteserbe der großen Ernestiner der Reformationszeit und als feinsinniger und thatkräftiger Beförderer aller edlen Bestrebungen in Wissenschaft und Kunst, endlich als Landesherr schien der erlauchte Fürst durch die Uebernahme des Protektorats dem zur Förderung der evangelischen Sache durch das Mittel der redenden und darstellenden Künste ins Leben gerufenen Unternehmen eine höhere Weihe und größeren Nachdruck verleihen zu müssen. In der an S. K. Hoheit gerichteten unterthänigen Eingabe war auch der in § 1 der Statuten gedachten Absicht Erwähnung gethan, außer dem „Luther" auch noch „die Aufführung gleichartiger dramatischer Werke von sittlich-religiöser oder patriotischer Bedeutung in der Stadt Jena zu sichern" und die Hoffnung ausgesprochen, dadurch das Wiedererblühen des volkstümlichen Dramas fördern zu können. Diese Hoffnung werde wesentlich sich erhöhen, wenn der Verein sich unter den mächtigen Schutz des Landesherren stellen dürfe.

Auf dieses Gesuch wurde dem Vorstand des Vereins durch das Großherzogl. Staatsministerium eröffnet, „daß Seine Königl. Hoheit bereit sind dieses Protektorat anzunehmen unter der zwiefachen Bedingung, daß 1) zur Verabfassung etwaiger neuer Festspiele nur die besten und hervorragendsten dramatischen Dichter Deutschlands herangezogen werden dürfen und 2) daß die dramaturgische Aufgabe in die sichersten Hände gelegt werden muß". Nachdem der Vorstand in einer an das Großherzogl. Staatsministerium gerichteten Eingabe vom 7. Januar 1886 eingehend dargelegt hatte, in welcher Weise er den Absichten des Großherzogs zu entsprechen gedenke, erfolgte am 13. Januar vom Ministerium die Eröffnung, daß „Seine Königl. Hoheit nunmehr das Protektorat über den genannten Verein so lange übernehmen wollen, als derselbe den Erklärungen seines Schreibens vom 7. d. M. treu bleibt". Daß die weitere Führung der Vereinssache durch den Vorstand den vollen Beifall des durchlauchtigen Protektors fand, gab folgende auf den weiteren Bericht des Vorstandes vom 9. Juni 1887 eingegangene Eröffnung des Ministeriums vom 18. Juni zu erkennen: „S. K. H. der Großherzog haben den unter dem 9./12. d. M. eingesendeten Bericht des Vorstandes des

L. F. V. mit großem Interesse entgegengenommen und das unterzeichnete Staatsministerium zu beauftragen geruht, dem Vorstand Höchstseinen aufrichtigen Dank auszusprechen. S. K. Hoheit wünschen dem Unternehmen ferner Gedeihen und hegen die Hoffnung, daß dieser Wunsch in Erfüllung gehen werde, wenn die Zwecke des Vereins, wie bisher, mit Liebe und mit demjenigen Ernst, welcher der Bedeutung des Unternehmens entspricht, von demselben gefördert werden".

Eine der schwierigsten Aufgaben des Vereinsvorstandes bestand in der Erfüllung der vertragsmäßig übernommenen Verpflichtung zur Herstellung eines würdigen Bühnenhauses. Ohne auf die Einzelheiten der in dieser Richtung eingeschlagenen Wege, der schwierigen Verhandlungen mit dem Theaterbesitzer, dem Dichter, der verschiedenartigen Vorschläge und Baupläne einzugehen, sei hier der Gang der Angelegenheit nur in den Hauptergebnissen dargelegt. Zunächst war die Einsicht bald gewonnen, daß der Bau eines eigenen Festspielhauses unübersteiglichen Schwierigkeiten ausgesetzt sei. Der Vorstand glaubte es unbedingt vermeiden zu müssen, durch gewagte Kreditunternehmungen die ihm anvertraute Sache zu gefährden. Wir einigten uns daher dahin, daß ein Umbau des Köhlerschen Theaters jedem anderen Plane schon deshalb vorzuziehen sei, weil die Errichtung eines eigenen Bühnenhauses nicht nur die Erwerbung eines geeigneten Grundstückes erfordern, sondern auch an die monumentale Ausführung des Gebäudes und damit an die Geldmittel des Vereins weit höhere Anforderungen stellen würde. Zugleich schien es zweckmäßig, in vorsichtiger Abwägung der vorhandenen Mittel bei Ausführung dieser Maßregel schrittweise vorzugehen. Das klare Ziel, welches wir uns demnach zu stellen hatten, war ein allmähliger planmäßiger Umbau des Köhlerschen Theaters. Hiernach wurde zunächst auf Grund eines von Herrn Architekten Hirsch ausgearbeiteten, von Herrn Devrient und dem Theaterbesitzer mehrfach abgeänderten Projekts ein derartiger Bauplan aufgestellt, daß die einzelnen Teile desselben eine allmählige, stufenweise Ausführung erlaubten. Als erste Stufe wurde die Anfügung von zwei ebenerdigen Seitengebäuden, deren äußere Wände auf die spätere Aufsetzung eines Stockwerks unter Wegfall der inneren Seitenwände berechnet waren, sowie der Anbau einer geschmackvollen Stirnseite und die Errichtung eines geräumigen Balkons in Aussicht genommen. Nachdem alle Einzelheiten festgestellt, ein genauer

Kostenanschlag durch Herrn Architekten Weber vorgelegt war, konnte zu dem Abschluß eines Vertrags mit dem Theaterbesitzer, Herrn Braumeister Köhler, geschritten werden. Derselbe kam am 8. Oktbr. 1886 zur Unterzeichnung und bestimmte folgendes:

Herr Köhler verpflichtet sich zur Ausführung und Vollendung des zwischen ihm und Herrn Dr. Devrient vereinbarten An- und Umbaues seines Theaters noch im laufenden Jahre. Der L. F. V. verpflichtet sich die Hälfte der Baukosten bis zur Höhe von 8500 Mark zu übernehmen. Diese Summe erhält Herr Köhler als ein unkündbares und unverzinsliches Darlehn, welches auf dem Grundstücke hypothekarisch eingetragen wird. Herr Köhler verpflichtet sich Theater und gesamtes Inventar alljährlich für die Aufführungszeiten mietfrei zu überlassen.

Der Bau wurde im Herbst begonnen und vor Ablauf des Jahres vollendet. Durch denselben ist ein Bühnenhaus entstanden, welches in seinem Aeußeren ein völlig verändertes, würdiges Aussehen trägt und im Innern durch namhafte Vermehrung der Sitzplätze die Möglichkeit gewährt, eine weit größere Zahl von Zuschauern als bisher aufzunehmen. Durch bessere Lüftungsvorrichtungen ist der Aufenthalt im Hause angenehmer geworden, durch Vermehrung der Ausgänge und Anlegung neuer und breiterer Treppen in Eisen zu den Sitzen des Balkons die Sicherheit gegen Feuersgefahr erhöht worden. Da am Schluß der drei ersten Spielperioden nach Abzug aller Unkosten ein Baarbestand von 5340 Mk. 52 Pfg. verblieben war, so konnte hiervon die Summe von 5000 Mk. an Herrn Köhler bezahlt werden, der Rest von 3500 Mk. wurde von dem Ergebnis der vierten Spielperiode im Sommer 1887 bestritten.

So war innerhalb der durch die vorhandenen Mittel gezogenen Grenzen eine dem nächsten Bedürfnis entsprechende Verbesserung und Verschönerung des Bühnenhauses erreicht, deren geschmackvolle und zweckmäßige Ausführung allgemeine Befriedigung erweckte. Die Weiterführung des Baues in zwei weiteren Stufen, deren erste in der Umgestaltung und Erhöhung des Bühnenbaues, deren zweite in der Errichtung eines Stockwerks auf den neuen Umfassungsmauern zur Anlage von Seitengalerien bestehen würde, mußte von der weiteren Entwickelung des ganzen Unternehmens abhängig gemacht werden.

Was nun die Förderung des Spiels selbst betrifft, so war nach den beiden ersten Spielperioden in den Jahren 1883 und 1884 eine dritte im Frühjahr 1885 und eine vierte im Sommer 1887 eingeleitet und durchgeführt worden. Ich brauche über den Erfolg derselben hier nicht zu berichten; er ist in der Oeffentlichkeit bekannt. Auf seiten der beteiligten Kreise in Jena die gleiche Begeisterung und Thatkraft, im großen Publikum der gleiche warme Anteil, immer wieder die Erscheinung, daß der Zudrang zu unseren Vorstellungen ein stets wachsender und auch durch die Vermehrung der Zahl der Aufführungen nicht ganz zu befriedigender war. Gleichwohl traten neue Schwierigkeiten hervor von ganz unerwarteter Seite. Davon im nächsten Abschnitt.

---

3. Die Freigabe des Aufführungsrechts.

Eine Frage gab es, über welche von Anfang an die Meinungen geteilt gewesen waren. Sollte das Aufführungsrecht für alle Zeiten auf Jena beschränkt bleiben?

Das Lutherfestspiel zu einer dauernden Einrichtung, zu einer gemeinsamen Sache des protestantischen Deutschlands erhoben zu sehen, das wünschten alle. Aber eben dieses Ziel meinten die einen durch grundsätzliche Festhaltung, die andern durch weitherzige Freigabe des Aufführungsrechtes zu sichern. Jena sollte, das war die eine Meinung, der alleinige Mittelpunkt dieser Bewegung bleiben, hierher würden alljährlich die deutschen Protestanten aus allen Gauen pilgern, aus dem Anschauen der Spiele und dem inneren Miterleben des Geschauten Erhebung, Begeisterung mit in die Heimat zurückbringen. Was Oberammergau für das christliche Passionsspiel, was Bayreuth für das von Richard Wagner geschaffene nationale Musikdrama sei, das solle Jena für das protestantische Volksdrama werden. Seine Lage im Herzen des deutschen Vaterlandes, sein geschichtlich geweihter Boden alten Ernestinerlandes, das geistige Leben seiner Hochschule, die Reize seiner Natur ließen diesen Ort vor andern zu dem erstrebten Zwecke geeignet erscheinen. An diesem Gedanken begeisterte man sich, er war die Meinung der überwiegenden Mehrzahl, er bestimmte auch die Thätigkeit unseres Vereins. Aber auch innerhalb desselben fehlte es von Anfang nicht an Stimmen, welche in der Beschränkung des Aufführungsrechtes auf Jena eine Beeinträchtigung der Dichtung sahen und als das wirksamste Mittel für die Verbreitung derselben, für die volle Entfaltung ihrer Wirkungen, die Freigabe der Aufführungen empfahlen.

Man dürfe nicht einmal auf Bayreuth und Oberammergau verweisen. Keineswegs sei die Beschränkung der ursprünglich nur für Bayreuth bestimmten Tondichtungen festgehalten worden, keineswegs sei Oberammergau der einzige Ort der Passionsspiele geblieben, ohne daß dadurch die Bedeutung beider Orte geschwächt erscheine. Könne nicht auch Jena das Spiel für andere Orte freigeben, wenigstens für die Jahre in denen es selbst keine Aufführungen veranstalte, und doch der eigentliche Mittelpunkt der Bewegung bleiben? Hier würde immer das Muster zu finden sein, von hier aus würde der Anstoß zur weiteren Bewegung in der Sache der deutschen Volksbühne ausgehen; sei doch ausdrücklich als Zweck des Vereins auch die Aufführung anderer Volksdramen von gleichartigem Charakter erklärt worden; wie wolle man diese Aufgabe erfüllen, ohne die Wirkung der Lutherdichtung durch die dann unausbleibliche Verminderung ihrer Darstellungen auf das empfindlichste zu beeinträchtigen?

Bereits kam von manchen Städten der Wunsch, Devrient's Luther zur Aufführung zu bringen. Wie wenigen war es doch beschieden, die zu einer Reise nach Jena erforderlichen Opfer an Zeit und Geld zu bringen. Der Dichter verwies die Gesuchsteller regelmäßig an den Vorstand des Vereins, die Mehrheit in demselben hielt aber an der grundsätzlich eingenommenen Stellung fest; die Erlaubnis wurde versagt.

Nun war aber auch von der alten Lutherstadt Worms aus eine Bewegung ähnlicher Art im Lutherjahre ausgegangen. Für Worms hatte Hans Herrig sein kirchliches Festspiel Luther gedichtet, hier war es zur Lutherfeier von Bürgern der Stadt mit tiefgehender Wirkung aufgeführt worden. Und von Worms aus trat Herrigs Dichtung ihre Wanderung durch Deutschland an, in allen Orten mit gleicher Begeisterung aufgenommen übte sie stets die gleiche Wirkung, konnte, nicht beschränkt durch bühnenmäßige Anforderungen, große Räume benutzen, gewaltige Zuschauermassen befriedigen, aus dem Reingewinn erhebliche Beiträge zu evangelischen Zwecken leisten. Die von Jena abgewiesenen Orte wandten sich an Herrig, der im J. 1886, als Jena die erste Pause in den Aufführungen machte, auch nach Thüringen und Sachsen eintrat. In Mühlhausen, Erfurt, in Halle und Magdeburg, kam das Wormser Festspiel zur öffentlichen Darstellung. Neue Gesuche um Gewährung des Aufführungsrechtes gelangten an den Vorstand. Heftig platzten in den Sitzungen desselben die Geister aufeinander, aber eine, wenn auch geringe Mehrheit behauptete noch den Standpunkt der Ablehnung.

Wodurch dann endlich, im Herbst 1887, der Umschwung der Meinungen zu Gunsten der Freigabe des Aufführungsrechtes herbeigeführt wurde, das habe ich zur Aufklärung der damals sehr erregten öffentlichen Meinung in unserer Stadt — erklärten doch zahlreiche Mitglieder des Vereins ihren Austritt — in einem in der Jenaer Zeitung vom 25. Mai 1888 gedruckten Aufsatz auseinandergesetzt. Um nicht dasselbe mit anderen Worten zwei Mal zu sagen, gebe ich diesen Aufsatz in seinen wesentlichen Teilen hier wieder:

„Es war ein hochbedeutsamer Beschluß, als im Oktober des vorigen Jahres der Vorstand des Lutherfestspielvereins die Aufführung der Devrient'schen Dichtung auch für andere Orte frei geben zu wollen erklärte. Nicht ohne ein wehmütiges Bedauern, teilweise selbst nicht ohne Mißbilligung nahm man in unserer Stadt die Preisgebung des bisher eingenommenen Standpunktes auf, nach welchem allein Jena das ihm durch die Schenkung des Dichters überlassene Aufführungsrecht in Anspruch zu nehmen habe. Aber konnte dieser Standpunkt ohne die schwerste Schädigung eben der Sache, für die man wirken wollte, noch länger behauptet werden? War nicht durch allzu hartnäckiges Beharren auf demselben vielleicht schon ein Schaden erwachsen, den man gar nicht wieder gut machen konnte?

Mit welcher Begeisterung der Gedanke eines Jenaer Lutherfestspiels in unserer Stadt ergriffen wurde, wie die Idee der deutschen Volksbühne wie mit einem Zauberschlage verwirklicht schien, welchen tiefen und nachhaltigen Eindruck die Jenaer Aufführungen auf Tausende von nah und fern wieder und immer wieder hervorbrachten, wir haben es mit freudiger Genugthuung erlebt. War es nach den ersten

Erfolgen ein zu kühner Gedanke, wenn man zu hoffen wagte, es würden sich die Mittel finden, um hier in Jena ein großes nationales Festspielhaus zu errichten, das alljährlich viele Tausende von Beschauern aus Alldeutschland anziehen würde, um sie alle in den gleichen Strom protestantischer Begeisterung hineinzutauchen und so von dem einen Mittelpunkte aus ein neues thatkräftiges evangelisches Glaubensbewußtsein über das ganze Vaterland zu verbreiten? Nicht nur wir Jenenser, mit fast noch stärkerem Nachdruck waren es die auswärtigen Besucher, welche in begeisterten Worten solchen Erwartungen Ausdruck verliehen. So schrieb Prof. Leopold Witte nach Schluß der zweiten Spielperiode: „Das ist gesunde Speise für unser evangelisches Christenvolk, und das Festspiel darf nicht wieder unter uns verschwinden. Haben die Oberammergauer ihre Festbühne, haben begeisterte Kunstjünger für die Tonschöpfungen Richard Wagners ein eigenes mächtiges Theater gebaut — hier liegt ein Stoff vor, der wahrlich auch zu Opfern begeistern kann, damit im weitesten Umfange die evangelische Christenheit dies hehre Bild vorgeführt erhalte. Nicht sechshundert, wie jetzt im primitiven Jenaer Sommertheater, nein sechstausend müßten es sein, die auf einmal schauen und hören könnten. Und aus den Reihen derer, die geschaut haben und tief erbaut worden sind, muß der Ruf ergehen: schafft die Möglichkeit, daß nicht der kleine scenische Raum eine solche maßlose Kraftverschwendung bedinge, wie sie jetzt stattgefunden hat. Zehnmal haben die Jenenser in den letzten Wochen gespielt! Im nächsten Frühjahr soll eine neue Serie der Darstellungen beginnen: daß bis dahin die Mittel zu einem Kolossalbau zusammengebracht wären! — Der Dichter ist von der dankbaren Stadt Jena zum Ehrenbürger und am Lutherfeste von der philosophischen Fakultät zum Ehrendoktor ernannt worden. Der schönste Dank muß der Erwerb des Festspiels für die ganze deutsche Nation werden!"

Aber „leicht bei einander wohnen die Gedanken, doch hart im Raume stoßen sich die Sachen!" Trotz der selbstlosen Hingabe, mit welcher alle Mitwirkenden nach dem Vorbilde des Dichters und Künstlers selbst auf jeden äußeren Lohn verzichteten, konnten doch bei den hohen Kosten der Spiele zunächst Ueberschüsse von irgend welcher Erheblichkeit nicht erzielt, und auch für später nur ein mäßiger, wenn auch langsam wachsender Gewinn gehofft werden; und die begeisterte Erwartung, es würden aus den bemittelten Kreisen des evangelischen

Volkes für den Bau einer großen Volksbühne in Jena namhafte Geldunterstützungen gewährt oder Stiftungen gegründet werden, sie ist unerfüllt geblieben. Von keiner Seite, weder von vermögenden Gönnern, noch von der Stadt Jena selbst, ist dem Unternehmen eine außerordentliche Hülfe zu Theil geworden; was erreicht wurde, verdanken die Mitwirkenden außer dem Dichter und seiner treuen Helferin lediglich der eigenen Kraft. Von Errichtung eines großen Nationaltheaters konnte unter diesen Umständen nicht die Rede sein — gewagte Finanzunternehmungen hat der Vorstand in weiser Vorsicht grundsätzlich ausgeschlossen —, es war schon eine höchst ehrenwerte Leistung, daß der Verein im Jahre 1886 aus den inzwischen angesammelten Mitteln und auf die in der Spielperiode des Jahres 1887 zu erwartenden Ueberschüsse hin dem Besitzer des städtischen Theaters, Herrn Braumeister Köhler, dessen entgegenkommender Bereitwilligkeit unsere Sache so viel zu danken hat, den Beitrag von 8500 Mark für eine Erweiterung des Theatergebäudes zur Verfügung stellen konnte, wogegen derselbe den Umbau nach den mit dem Dichter vereinbarten Vorschlägen des Vorstandes, welche auf spätere bedeutendere Umbauten berechnet waren, ausführen ließ und dem Verein die unentgeltliche Benutzung des Hauses für seine Aufführungen vertragsmäßig einräumte (s. S. 18 f.). Dankbar hat unsere Stadt die Erweiterung und Verschönerung des Bühnenhauses empfunden, welche trotz der vom Verein gewährten Beihülfe ohne erhebliche persönliche Opfer des Herrn Köhler nicht möglich gewesen wäre und für deren ebenso zweckmäßige, wie anmutige und geschmackvolle Ausführung dem bauführenden Architekten, Herrn Weber, Dank und Anerkennung gebührt. Aber auch so stehen die Größenverhältnisse des Zuschauerraumes, von der Bühne ganz abgesehen, zu den wirklichen Bedürfnissen großer Volksaufführungen, wie sie in den mitgeteilten Worten des Prof. Witte bezeichnet sind, noch immer im stärksten Mißverhältnis.

Großartig und eher sich steigernd als verringernd war der Erfolg der Aufführungen. In vier Spielperioden ist der „Luther" in 36 Aufführungen über unsere Bühne gegangen. Und gleichwohl! Wie unendlich gering ist doch die Wirkung gewesen gegenüber dem evangelischen Ganzen Deutschlands. Nehmen wir an, daß durchschnittlich 6—700 Personen jeder Aufführung beigewohnt haben, so ergeben sich als Gesamtzahl im besten Falle zwanzig- bis dreißigtausend Menschen. Um die gleiche Zahl von Beschauern zu befriedigen, für welche in Oberammergau 4—5 Vorstellungen ausreichen, bedurfte es bei uns der Zahl von 36 Aufführungen! In Wahrheit eine „maßlose Kraftverschwendung“. Und was besagen selbst 30 000 gegenüber der Gesamtzahl von fast 30 Millionen Protestanten in Deutschland? Konnte auf diesem Wege „der Erwerb des Festspiels für die ganze deutsche Nation“ erwartet werden? Mußten wir doch sogar erleben, daß selbst die Kunde von den Jenaer Aufführungen, ja auch nur von dem Vorhandensein der Devrient'schen Dichtung trotz der auf Zeitungsanzeigen verwendeten hohen Summen und der zahlreichen ehrenvollen Besprechungen in der Presse nur eine beschränkte Verbreitung erlangt hatte. In unserer fieberhaft schnelllebigen Zeit, bei der unendlichen Vielheit der Interessen, für welche die öffentliche Aufmerksamkeit Tag für Tag und immer wieder in neuer Richtung in Anspruch genommen wird, bei der Raschheit, mit welcher die Eindrücke aufeinander folgen und sich gegenseitig verdrängen, bei der Flüchtigkeit, mit der man liest, um das Gelesene nur schnell wieder zu vergessen, gehören eben auch ganz außerordentliche Mittel, ja förmliche Ränke, wie sie das moderne Reklamewesen immer schlauer ausklügelt, dazu, um selbst für Dinge aus dem Gebiet der praktischen Interessen die allseitige Aufmerksamkeit zu gewinnen und dauernd zu erhalten. Um wie viel schwerer hält das aber bei Fragen höherer idealer Art, für welche weniger Teilnahme besteht und die ihrer Natur nach auf eine marktschreierische Reklame zu verzichten haben? Gerade aber die Beschränkung unserer Sache auf Jena stand ihrer Verbreitung im Wege. Wandern die Aufführungen, wie das Herrig'sche Festspiel, von Ort zu Ort, so erwächst der Sache auch an jedem neuen Ort ein neuer Kreis von Anhängern, welche für ihre Verbreitung thätig sind, die Presse wird in immer erneuter Bewegung erhalten, ein neues Stück deutschen Bodens durch jeden Ortswechsel erobert. Es ist daher kein Wunder, daß in der deutschen Presse unendlich viel mehr von der Herrig'schen als von der Devrient'schen Dichtung die Rede ist, daß weite Kreise von der letzteren auch heute noch keine Ahnung haben. In dieser Beziehung wurde von dem Vorsitzenden unseres Vereins in der Hauptversammlung vom 9. Februar d. J. hervorgehoben, wie verschiedene Mitglieder, die im vergangenen Sommer in der Ferne geweilt, wahrgenommen hatten, daß trotz der 36maligen Aufführung in Jena der Devrient'sche Luther selbst in den intelligentesten Kreisen von Städten, wie Lübeck, Hamburg, Hannover, Stuttgart, so gut wie gänzlich unbekannt geblieben war. (Vgl. Beilage zur Jenaischen Ztg. vom 19. Febr. 1888.)

Durch die festgehaltene Beschränkung auf Jena wurde anderen Unternehmungen ähnlicher Art ohne weiteres der Boden überlassen. Zahlreiche Orte erbaten das Aufführungsrecht des Devrient'schen Luther; von Jena abgewiesen wandten sie sich anderen Stücken zu. Namentlich Herrigs schöne Lutherdichtung, welche aus ähnlichen Bestrebungen, wie die Devrient'sche erwachsen, von Worms aus sich weit über Deutschland verbreitet hatte, jedoch an dramatischem Leben und tieferem geschichtlichen Gehalt hinter der letzteren zurücksteht, setzte sich auch in zahlreichen Städten Thüringens, z. T. in unserer nächsten Nähe fest. Stehen nun auch die Herrig'schen Aufführungen, wie dankbar zu bekennen ist, im Dienste der gleichen idealen Bestrebungen, wie die Devrient'schen, so war doch die Verdrängung der bedeutenderen und tiefer wirkenden Dichtung ernstlich zu beklagen. Aber eine geradezu schmerzliche Empfindung mußte es erwecken, als im vorigen Jahre auf dem Leipziger Stadttheater statt des dringend erbetenen, aber von Jena im Gegensatz zu den Wünschen des Dichters verweigerten Devrient'schen Luther das verfehlte Reformationsdrama von W. Henzen, welches ein wahres Zerrbild des Reformators auf die Bühne stellt und den Gegnern der Reformation eine willkommene Handhabe zu ihrer Bekämpfung bietet, mit einem großartigen Aufwand von scenischen Mitteln wiederholt gegeben wurde. Was mußte damals der Dichter empfinden, als überall fremde Stücke sich an die Stelle des seinigen schoben, nicht weil sie höheren Wertes waren, sondern weil jenes in Bann und Fesseln lag. „Mein Werk sah ich", so schrieb er mir später, „untergehen, nur aus Mangel an Befugnis es zu verbreiten. Es war ein Gefühl, wie es jene gehabt haben müssen, deren Werke verbrannt wurden". Wem sollte es nun nicht klar werden, daß die weitere Festhaltung des Devrient'schen „Luther" für Jena ohne eine schwere Schädigung der protestantischen Sache nicht länger zu behaupten war? Kein Mitglied des Vorstandes verschloß sich dieser Erkenntnis. Und als im Oktober vorigen Jahres der Dichter im Namen und Auftrag der Stadt Bremen um das Aufführungsrecht des „Luther" nachsuchte, wurde dasselbe vom Vorstand einmütig zugestanden und zugleich die Erklärung abgegeben, daß man sich vorbehalte, in Zukunft auch ähnlichen Anträgen anderer Orte in geeigneten Fällen stattzugeben. War denn nun, wie wohl in manchen Kreisen unserer Stadt angenommen worden ist, mit diesem Beschluß das vom Dichter erworbene Aufführungsrecht preisgegeben? Mit nichten! Man empfing mehr als man gewährte. Nach den vom Dichter abgegebenen Erklärungen sollte das bisher als ein unveräußerliches gewährte Recht zu einem veräußerlichen erweitert werden, d. h. Jena verzichtete zwar auf die inzwischen wertlos gewordene Ausschließlichkeit, aber erlangte als bleibende Eignerin des Aufführungsrechtes die bis dahin fehlende Befugnis, auswärtige Darstellungen im Einvernehmen mit dem Dichter gestatten und das für solche zu entrichtende Autorenhonorar, auf welches der Dichter nach wie vor für seine Person hochherzig verzichtet, für die Vereinskasse zu vereinnahmen und für die Zwecke des Vereins zu verwenden. Damit ist endlich die Möglichkeit gegeben, Geldmittel anzusammeln, welche es dem Verein gestatten, nicht blos seine besonderen Ziele besser zu verfolgen, sondern auch für die großen Liebeswerke der evangelischen Kirche namhafte Beiträge zur Verfügung zu stellen. Unter Vorbehalt einer vertragsmäßigen Regelung des neuen Verhältnisses des Vereins zum Dichter ist nun seither verfahren worden, eine Reihe von Orten hat bereits das Recht der Lutheraufführungen — natürlich in jedem Falle nur für eine Spielperiode — nachgesucht und erhalten, froh und hoffnungsgewiß hat der „Luther" seine Reise in die Welt angetreten. Jena aber wird nicht nur seine Aufführungen, deren Eigenart stets gewahrt bleibt, auch in Zukunft haben, sondern es gewinnt nun erst Zeit und Kraft zur Weiterentwickelung der deutschen und evangelischen Volksbühne im Sinne des Luther, dem, wie wir hoffen dürfen, bald ein Gustav Adolf folgen wird."

---

4. Die Luther-Aufführungen in Chemnitz.

Nicht Bremen, wo die geplanten Aufführungen zunächst verschoben werden mußten, sondern Chemnitz, die große Metropole der deutschen Industrie, sollte die Ehre haben, nach Jena die erste Stadt zu sein, in welcher Devrient's Dichtung zur öffentlichen Aufführung kommen durfte. Im Frühjahr 1888 ist sie dort unter Teilnahme des Dichters und des Fräulein Kuhlmann von mehr als 130 Mitwirkenden aus allen Kreisen der dortigen Bevölkerung mit der Musik von Machts acht Mal hinter einander aufgeführt worden. Ein Berichterstatter schildert im Sächsischen Landesanzeiger vom 1. Mai 1888 den Eindruck der ersten Aufführung mit begeisterten Worten, denen wir folgende Stellen entnehmen: „Ja, es ist etwas Herrliches und Großes um dieses Werk; aber erst wenn es lebendig wird vor unseren Sinnen und vor unserer Seele, dann lernen wir es ganz erfassen in seiner schlichten Größe und Wahrheit, in seinem überwältigenden Ernst und in seiner heiligen Tiefe. In der That, Devrient ist ein Herzenskundiger, ein Dichter ersten Ranges. Er hat es verstanden, die Gestalten warm und lebensvoll aus ihrer Zeit herauszuholen und sie in meisterhaft komponirten dramatischen Einzelbildern auf historisch treuem Hintergrunde vor uns wirken zu lassen. Und wie frei ist das Alles von jedwedem Bücherstaub und Gelehrtenton, wie ist Alles so natürlich, so charakteristisch wahr und künstlerisch durch- und abgeklärt, wie fern von allem Gemachten, Phrasenhaften, von berechnetem Wortprunk und schönrednerischem Pathos!

Und doch, — so schlicht und einfach, so ächt volksthümlich der Inhalt der einzelnen Abtheilungen sich entfaltet und gestaltet, — der Dichter weiß zu packen und hinzureißen mit geradezu elementarer Kraft und himmelstürmendem Ernst und Schwung, gleichwie er auch — je nachdem es die Handlung erheischt — den köstlichsten Humor, die liebenswürdigste Schalkhaftigkeit zu entbinden versteht. Man stelle nur den in seiner Klosterzelle ringenden und den im Reichstag gegen Kaiser und Kirchenmacht kämpfenden Gottesstreiter neben den heiter und herzgewinnend scherzenden Gatten, Vater und Freund, man vergleiche nur die Scenen des Thesenanschlages und des Reichstages mit den Familienszenen am Schlusse des Stückes. Wie warm und erquicklich, wie zauberisch anheimelnd weht es aus den letzteren entgegen! Wer solche Gegensätze sicher zu bewältigen, lebendig herauszugestalten, wer alle Bilder so mit dem Hauch feinster und richtigster historischer Stimmung zu beseelen vermag, der ist ein Dichter von Gottes Gnaden.

Was soll ich nun noch über die Aufführung sagen? Ueber diesen Luther, der eben vollkommen und in bewunderuswerther Kraft und Wahrheit innerlich und äußerlich als die Gestalt des Dichters erscheint und vor uns leibt und lebt, als wäre er aus der Geschichte auferstanden, — über diese Käthe, die der Dichter der trefflichen Künstlerin, Fräulein Kuhlmann, wie man zu sagen pflegt, auf den Leib geschrieben und diese in schlichtester Weiblichkeit und mit geradezu überwältigender Natürlichkeit aus sich herauslebt, — über das ganze Heer der Mitwirkenden aus allen Bürgerkreisen unserer Stadt, — ferner über den Reichthum und die Pracht der Kostüme, über die malerisch wirkenden Dekorationen, welche historisch getreu nach Devrient's Angaben von dem Oldenburgischen Hoftheater-Maler Mohrmann neu geschaffen worden sind und hier zum erstenmal zur Verwendung kommen! – Jeder, der Sinn und Empfänglichkeit hat für das Große und Schöne, — Jeder, der für die hehre und gewaltige Gestalt Luther's Interesse hegt und Begeisterung empfindet, der gehe selbst und höre und schaue! Hier bietet sich ihm ein buntbewegtes, reiches, ergreifendes Volksschauspiel, hier gewinnt die Idee einer wahren Volksbühne sicht- und greifbare, stimmungsreiche und herzerhebende Gestalt.

Soviel ist sicher, der Erfolg der ersten Aufführung war ein gewaltiger; mit Andacht und Begeisterung folgte das volle Haus der Entwickelung der Handlung, und mit wahren Stürmen des Beifalls wurden die Mitwirkenden überschüttet; besonders natürlich die Vertreter des Luther und der Käthe; ja dem ersteren wurde zum Schluß eine wahre Huldigung bereitet durch die brausenden Zurufe der Menge."

Bemerkt sei übrigens, daß sich der Dichter für die dortigen Aufführungen zu erheblichen Kürzungen seines Werks hat entschließen müssen. Da die Verhältnisse eine frühere Stunde als Abends 7½ Uhr für den Beginn des Spieles nicht erlaubten, dasselbe aber nicht bis nach Mitternacht ausgedehnt werden durfte, so waren starke Streichungen unerläßlich. So ist manche Erzählung aus den Erfurter Szenen herausgenommen, die theologischen Gespräche im letzten Akt gekürzt, die Auseinandersetzung zwischen Luther und Melanchthon ganz gestrichen u. a. m., ohne daß die Wirkung des Ganzen dadurch wesentlich verloren hätte.

Gern wird man erfahren, welche Eindrücke der Dichter damals selbst in Chemnitz gewann. In einem an mich gerichteten Brief vom 9. Mai schreibt er: „Es ist eine Wonne zu sehen, wie das Werk hier zündet und alle Kreise der Bevölkerung heranzieht und belebt. Gestern mußten 30 Stühle im Parquet hinzugestellt werden. Die von Tag zu Tag anschwellenden Bestellungen zu befriedigen wird unmöglich. Es ist nur eine Klage, daß wir abbrechen müssen nach den 8 Vorstellungen, denn nun meldet sich Stadt auf Stadt mit Extrazügen. Und der Eindruck ist ein echter, ein ernster. Dazu kommt, daß im Ganzen die Interessen hier doch materielle sind, ferner, daß die Aufgabe für das Publikum eine weit größere ist, als in Jena, wo der schöne Garten in jeder Pause die Besucher erfrischte und zusammenführte. Hier sitzen sie eingeschlossen von 7½ Uhr bis Mitternacht und haben zur Erquickung nichts als das Büffet, ebenfalls im engen Hause, und doch halten sie aus und sind am Ende frischer, als zu Anfang. — Von der überschwänglichen Güte, mit welcher wir verhätschelt werden, hast Du keinen Begriff. Jede freie Stunde müssen wir heran zu Diners, Soupers, vor allem zu Ausflügen in die köstliche Umgegend. Männer und Frauen, Schüler und junge Mädchen, stets eine ordentliche Karawane, ziehen wir durch die frisch grünenden Gründe und in den Wirthshäusern setzen sich sofort die Nonnen zusammen und singen den Nonnenchor, der wundervoll ausgeführt wird von den besten Stimmen des Gesangvereins und vom Kapellmeister sehr fein einstudirt ist. Erzähle doch Herrn Nachts, seine Gesänge haben die vollste, wärmste Anerkennung, und der Chor ist geradezu populär geworden. — Dazu wird die Musik (in den Zwischenpausen) vorzüglich ausgeführt.“ Ueber die Wirkung, welche das gesamte Spiel ausgeübt, liegt ein bemerkenswerter und gedankenreicher Aufsatz des um das Zustandekommen der Chemnitzer Unternehmung besonders verdienten Oberpfarrers Dr. Graue vor (Beilage zum Chemnitzer Tageblatt vom 13. Mai), den wir zu weiterer Beachtung empfehlen. Hier soll nur dasjenige aus ihm hervorgehoben werden, was Zeugnis davon ablegt, daß der Lutherfestspielverein zu Jena, indem er auf das alleinige Aufführungsrecht verzichtet, der protestantisch-evangelischen Sache einen Dienst von großer Bedeutung geleistet hat. Dr. Graue bemerkt, wie die Beschauer mit jubelndem Danke schließlich bekennen: „Das ist er, dieser größte Sohn unseres deutschen Volkes; was wir zum Theil nur als ein uns von fern dunkel vorschwebendes Bild desselben in der Seele getragen, das wird uns hier in lebensfrischer, plastischer Gestalt unmittelbar nahe gerückt, mit all' der packenden Kraft hoher dramatischer Kunst und doch so natürlich, schlicht und wahrhaftig zur Darstellung gebracht; der ächte Luther ist's in voller geschichtlicher Treue, doch nicht so sehr als der streitbare, starrköpfige Dogmatiker —, nicht so sehr als der manchmal etwas eigenwillige und eigenmächtige Wittenberger Papst, sondern in dem innersten Kern seines Wesens aufgefaßt als der Reformator, der je mehr er sich selber unter furchtbaren Seelenkämpfen aus der düsteren Gottes- und Weltanschauung und dem sklavischen Gehorsam des mittelalterlichen Mönchtums losringt und zu der fröhlichen Gottseligkeit eines freien Christenmenschen sich hindurcharbeitet, desto entschiedener — den Kampf für seines Volkes Seelenheil und Geistesfreiheit mit todesmutigem Gottvertrauen aufnimmt, in diesem Kampfe — sich als einen Volksmann im schönsten Sinne des Wortes bewährt, welcher die Geister, die er entfesselt, auch zu bändigen und in geordnete Bahnen des Friedens zu lenken weiß, und endlich, trotz der immer bedrohlicher anwachsenden Macht der gegen ihn verbündeten höchsten Gewalten —, trotz aller ihm von seinen vielen unlauteren oder kurzsichtigen Anhängern bereiteten Enttäuschungen, doch in der felsenfesten Zuversicht von hinnen scheidet, daß sein Reformationswerk nicht untergehen, sondern bestehen bleiben wird, darum, weil es nicht bloßes Menschenwerk, sondern Gottes Werk ist. Und diesem Luther, mögen ihn ultramontane Geschichtsfälscher auch noch so sehr begeifern und seine Schwächen und Fehler so schwarz malen wie die Hölle, dem wollen wir treu bleiben, er soll unser Luther sein und bleiben; das Erbe, das er uns hinterlassen hat, wir wollen es festhalten mit unserm ganzen Herzen und als ein köstliches Heiligtum unsern Kindern überliefern und fortpflanzen von Geschlecht zu Geschlecht. Wenn Tausende", so fährt Dr. Graue fort, „mit solchem Eindruck und solchem Gelübde aus diesen Lutheraufführungen heimgekehrt sind, und wenn dies Devrient'sche Festspiel in einer Stadt nach der anderen zur Aufführung gelangen und dieselbe mächtige Wirkung auf die Gemüter ausüben wird — verbürgt das nicht einen neuen sieghaften Aufschwung des evangelisch-protestantischen Bewußtseins in unserem Volke? — — Angesichts der Thatsache aber, daß seit geraumer Zeit unseren evangelischen Kirchen auch solche Kreise sich entfremdet haben, welche für ideale Interessen, auch für die Ideale der christlichen Religion empfänglich sind —, müssen wir es mit um so größerer Freude begrüßen, wenn das Theater solchen gegen kirchliche Einflüsse mehr oder weniger verschlossenen Kreisen unseren Luther und seine tiefernsten Reformationsgedanken in so großartiger und wirkungsvoller Weise vorführt, wie dies durch die Darstellung des Devrient'schen Meisterwerkes geschieht."

---

5. Der Luther in Siebenbürgen.

Als ein Ereignis von besonderer Bedeutung muß es angesehen werden, daß die Dichtung Beziehungen schuf zu dem schwerbedrängten Bruderstamm der Sachsen in Siebenbürgen. Mit rühmlicher Treue und Ausdauer kämpfen sie unentwegt für ihr Volkstum und ihren evangelischen Glauben. Um sich in diesem Kampf zu stärken, suchen sie nach Mitteln idealer Art. Und als man dort von der hochgehenden Begeisterung vernahm, welche in Deutschland die öffentliche Aufführung der im Lutherjahre erwachsenen Lutherdichtungen von Herrig und Devrient erzeugt hatte, da entstand der feurige Wunsch, ähnliche Eindrücke den eigenen Volksgenossen zu bieten. Es waren die evangelischen Frauen, von denen die erste Anregung ausging. Am 28. Juni 1887 traf von dem Ortsverein des allgem. evang. Frauenvereins A. B. zu Hermannstadt in Siebenbürgen das folgende vom 22. datierte Schreiben ein, dessen Wortlaut von dem hohen Sinn, mit welchem man dort den Gedanken aufnahm, Zeugnis ablegen mag:

Es ist nicht zum erstenmal, daß Bürger der Stadt und Universität Jena, wie durch dies unser Schreiben, in die Lage versetzt werden, über eine Bitte aus dem fernen Siebenbürgen zu entscheiden. Wenn wir dem großen deutschen Mutterlande, das heute mehr als je seine Teilnahme, ja seine thatkräftige Hülfe uns angedeihen läßt, nach so mancher Richtung zu herzlichem Danke verpflichtet sind, so gilt dies in ganz besonderm Maße auch von der Stadt und Universität Jena, an welche die kostbarsten Erinnerungen so Vieler der Besten unseres Volkes sich knüpfen. Heute sind es die deutschen Frauen Hermannstadts, welche Ihnen, muthig gemacht durch solche Erfahrungen der Männer, eine Bitte vortragen.

Sie bitten, der löbliche Festspielverein möchte dem hochachtungsvoll unterzeichneten Frauenverein gestatten, das Lutherfestspiel Dr. O. Devrients im Laufe dieses Jahres in Hermannstadt zur Aufführung zu bringen.

Es würde damit nicht blos dem Vereine, der, wie aus den mitfolgenden Druckschriften entnommen werden kann, im Verbande der ev. Landeskirche A. B. sich die Förderung der Aufgaben dieser Kirche zum Ziele gesetzt hat, eine große Wohlthat erwiesen, sondern unserer ev. Kirche und unserm deutschen Stamm im Ganzen und Großen. Unsere hiesigen Verhältnisse sind Ihnen — wir wissen, daß der geehrte Hr. Prof. Nippold in Ihrer Mitte ist — so gut bekannt, als uns selbst. Sie wissen: unser Volk und unsere Glaubensgenossen bedürfen in diesen schweren Tagen mehr als je, auch in der Form der feiernden Unterhaltung und Erquickung, tiefer gehender Anregung und sittlicher Kräftigung, sollen sie ihren Aufgaben, das ev. Deutschthum hier zu erhalten und zu kräftigen, auch weiter entsprechen.

Auch unsere Frauenvereine fühlen von Jahr zu Jahr die Verpflichtung tiefer, durch Alles, was sie veranstalten, zu der Stärkung des nationalen und des protestantischen Bewußtseins beizutragen.

Was könnte ihnen, da sie nun einmal genöthigt sind, auch auf dem Wege öffentlicher Veranstaltungen die äußern Mittel zu suchen, die ihren guten Zwecken dienen sollen, näher liegen, als die Aufführung dieses Festspiels, von welcher sie in erster Linie eine tiefe Wirkung auf das Volksgemüt, in zweiter Linie bei der allgemeinen Teilnahme in dem ganzen sächsischen Volk, die zu erwarten steht, auch eine ansehnliche Unterstützung mit materiellen Mitteln erwarten können!

Wir haben uns in dieser Angelegenheit zunächst an den Herrn Verfasser, Dr. O. Devrient in Oldenburg, gewendet, und von dem genannten Herrn in einem außerordentlich freundlichen Schreiben nebst andern auf die Ausführung des Planes bezüglichen Winken auch den Rat erhalten, uns mit diesem Gesuche um das Aufführungsrecht seiner großen und schönen Dichtung an den Jenaer Festspielverein zu wenden.

In der Ueberzeugung, daß der löbliche Verein diese unsere Bitte nun mit brüderlichem Wohlwollen aufnehmen und gewähren werde, zeichnen wir mit der Versicherung, Alles zu thun, um eine würdige Durchführung der guten und schönen Sache zu ermöglichen und mit dem Ausdruck ausgezeichneter Hochachtung.

Die Gewährung dieser Bitte galt uns als eine Pflicht der Brudertreue gegen die bedrängten fernen Volksgenossen. Schon am 30. Juni wurde sie vom Vorstand einstimmig beschlossen und hierbei zugleich dem Dichter außerhalb des deutschen Reiches die freie Verfügung über sein Werk zurückgegeben. Da nun aber noch viele

Punkte im einzelnen mit dem Dichter zu regeln waren, so entschlossen sich auf dessen Vorschlag zwei Mitglieder des genannten Ortsvereins zur Reise nach Jena. Die Umstände, unter welchen dies geschah, sind ein Beweis von der Entschlossenheit und Thatkraft jener trefflichen Menschen. Am 17. Juli sollte die letzte Aufführung sein, am 10. erst war Devrient's Brief in Hermannstadt eingetroffen. Noch am gleichen Tage beschloß der dortige Vorstand die Aufführung des Lutherfestspiels und beauftragte die Vorsteherin Frau Julie Jikeln und den Schriftführer des Vereins, Herrn Stadtpfarrer Dr. Eugen Filtsch, zur Ausführung der Reise. Über diese Reise hat Frau Jikely einen anziehenden Bericht verfaßt, welcher in der Hauptversammlung des Frauenvereins zu Hermannstadt vorgetragen und dann veröffentlicht worden ist. „Nach Schluß der Sitzung", so heißt es in demselben, „wurde gepackt. Dr. Filtsch wurde seiner im Bade weilenden Familie ohne Abschied entrissen, und um halb 11 Uhr befanden wir uns auf einer fluchtähnlichen Reise." Erst in Dresden gönnte man sich zwei Tage Ruhe, am 17. kamen die Reisenden früh in Jena an, wo sie im „schwarzen Bären", der einst Luther beherbergt, Wohnung nahmen." Anziehend ist, wie Frau Jikely ihr erstes Zusammentreffen mit dem Dichter schildert: „Ich hatte mir einige schöne Redensarten zurecht gelegt, aber als ich in das treuherzig offene Auge sah, als wir uns so recht freundschaftlich die Hände geschüttelt hatten, da war bei dem ausgesprochenen Danke in meiner Stimme noch das Zittern der Rührung, aber keine Phrasen zu vernehmen. Herr Devrient ist ein Gemisch von Herzensgüte, Charakterfestigkeit, Gelehrsamkeit und Schalkhaftigkeit." Am Mittag hatte ich die Freude die verehrten Gäste mit dem Dichter in meinem Hause zu bewirten. Hier fanden sie auch unsere treffliche, treue Bundesgenossin und Freundin, Fräulein Minna Kuhlmann, die gefeierte Darstellerin von Luthers Käthe, „eine echte deutsche Jungfrau", wie Frau Jikely sie schildert, „voll Anmut und Geistesfrische, von hoher, ebenmäßiger Gestalt." Um 3½ Uhr begann bereits die Vorstellung im Theater. Hier zeigte sich, daß noch ein dritter Pilger aus Siebenbürgen, ohne von der Sendung seiner Landsleute zu wissen, am gleichen Tage in Jena eingetroffen war. Der Kronstädter Prof. Franz Herfurth, Herausgeber des „Siebenbürgischen Volksfreundes", hat ebenfalls öffentlich von dieser Reise berichtet. Es ist für die Würdigung unseres Unternehmens von hohem Wert die Eindrücke festzuhalten, welche jene Menschen hier empfangen haben. Auf einer Erholungsreise war Pfr. Herfurth am 15. Juli in Wien eingetroffen, hier fällt sein Auge zufällig auf die Zeitungsnachricht, daß am 17. in Jena die letzte Aufführung von Devrient's Luther stattfinden werde. Sogleich ist der Entschluß denselben beizuwohnen gereift, sogleich wird er ausgeführt. Der Reisende fährt Tag und Nacht, die Vorstellung hat schon begonnen, als er das Theater erreicht, das Haus ist ausverkauft, aber ein Platz für den aus so weiter Ferne herbeigeeilten Gast wird geschafft. Doch hören wir das weitere ihn selbst schildern:

„Im Hause waren die Fenster verhangen; es brannten die Lichter: mir schien's, als strömten sie eine besondere Glut auf mich aus: den Reisestaub und den Schweiß hatte ich am Leibe, die Müdigkeit in den Gliedern; einige Augenblicke überkam mich die peinliche Angst, als sollte ich um den erhebenden Genuß des Festspiels kommen. Es war mir zu Mute, wie einem, der zum erstenmale ein heiliges Tempelhaus betritt.

Dann vergaß ich mich je mehr und mehr; der Mann vor mir auf der Bühne trat immer lebhafter an mich heran: er sprach mit sich und sprach doch auch zu mir: er betete zu Gott, und mir war's, als betete ich mit; er rang mit der Welt, und es schnitt mir durch die Seele; er fand mutigen Entschluß, und ich jubelte mit auf. Ja, bei Gott, das ist mein Luther, wie ich ihn im Herzen trage. Hätte ich je daran gezweifelt, daß er eine gewaltige Persönlichkeit echt deutschen und christlichen Wesens ist, hier hätte mir's wie Schuppen von den Augen fallen müssen; und hätte ich je daran gezweifelt, daß diese Persönlichkeit von der Plastik eines hervorragenden Bühnenkünstlers und eines lutherisch-entzündeten Dichters dem deutschen Volke lebendig vor die Seele hingestellt werden könne, — hier hätte auch der letzte Zweifel verstummen müssen. Ich hatte des ersten Bildes zweite Hälfte erst gesehen, und schon brannte mir das Herz in der Brust. Tief ergriffen saß ich auf meinem Sitze da, der Vorhang war gesunken, die Leute gingen für eine Viertelstunde in den Garten hinaus. Wie könnten wir dies herrliche Stück nach Siebenbürgen hinabbekommen? wird's auch möglich sein? so dachte ich vor mich hin; meine Gedanken flogen für kurze Zeit in die Heimat hinüber und suchten den Boden, auf den sie das „Neue" stellen wollten. Sie sollten nicht lange suchen. — Auch ich hatte mittlerweile den Knäuel der Menge erreicht. So viele Menschen und keine bekannte Seele dabei? Hier, wo du anderthalb Jahre des herrlichsten Lebens gelebt. Ich sehe um mich und sehe — niemanden. Da ruft's! wahrhaftig man ruft mir. Wen seh' ich? Jenaische Gesichter? nein, Seh' ich auch recht? oder ist mir der Blick verschleiert? Das sind ja die Säulen des Hermannstädter Frauenvereins, die unermüdliche Pflegerin heiligen Feuers Julie Jikely und ihr getreuer Schriftführer, mein lieber Freund Dr. Eugen Filtsch. „Wie in aller Welt kommt ihr denn her? Wollt ihr am Ende das Festspiel uns Kronstädtern entwinden? Das laß ich euch nicht.“ Sie lächelten mit der Miene der Sicherheit über die scherzende Rede. Bald war ich in die tiefsten Vereinsgeheimnisse eingeweiht: Das Festspiel war wirklich in selbstlosester Weise vom Verfasser und von der Stadt Jena, die das ausschließliche Aufführungsrecht besitzt, dem Hermannstädter Frauenverein zur Aufführung überlassen worden; Vorsteherin und Schriftführer waren mit größter Beschleunigung herbeigeeilt, um vor endgiltigem Abschluß der Verhandlungen doch auch das Ganze in seiner Schönheit zu sehen und die Darstellung in ihren Schwierigkeiten kennen zu lernen; nun sollte den „siebenbürgischen Gästen zu Ehren“ am nächsten Mittwoch noch eine Vorstellung veranlaßt werden. — Da ertönte das Glockenzeichen. Der Kreis freundlicher Menschen, in den ich getreten war, löst sich auf; jedes eilt seinem Platze zu. Die Vorstellung nimmt ihren weitern Gang.

Es traten noch etliche, meist kleinere Pausen in der Aufführung ein. Im Ganzen nahm dieselbe fünf und eine halbe Stunde in Anspruch. Das ist viel in unserer Zeit, die rastlos hin und her hastet und selten einen Ruhepunkt aufsucht. Das scheint auch für einen weithergereisten Zuschauer eine übermäßige Gabe zu sein, die er nicht vertragen dürfte. Hätte ich's vorher gewußt, wie lange die Aufführung dauert — wer weiß, ob mich nach so vielen Schwierigkeiten nicht der Versucher zur Umkehr gestimmt hätte. Aber stärker als wolkendunstige Erwägung ist die That. Und Dr. Otto Devrient's Werk ist eine That. Sie muß auf alle empfänglichen Gemüther unwiderstehliche Anziehungskraft üben. Man sieht's an den tiefergriffenen Gestalten im Zuschauerraume, man spürt's noch mehr im eigenen Innern. Hat Luther seine Zeitgenossen durch die Macht seines Wesens ergriffen, gepackt, bezaubert — so muß sein Abbild, wenn auch in abgeschwächtem Maße eben solche Wirkung üben! Und das ist unser Luther, wie er leibt und lebt! „So war er, so tiefgrabend in seiner Buße, so himmelstürmend in seinen Gebeten, so kühn und fest im Glauben, so treuherzig und kindlich, so geistesmächtig und wortgewaltig, so sprudelnd in heiterm Scherz, so echt und wahr in jeder Empfindung.“ Dieses Wort eines besonnenen Augenzeugen (Leopold Witte), sei auch mein Urtheil. An diesem „Luther“ ist nichts Gemachtes, nichts Künstliches; was er spricht, ist Ueberzeugung und wirkt überzeugend; was er thut, ist überlegt und wirkt hinreißend. Dabei Ton, Sprache, Färbung der ganzen Dichtung dem Zeitalter Luther's bestens angepaßt — alles so lebenswahr, daß man die Bühne vollkommen vergißt und wirkliches Leben miterlebt.

Freilich — dazu gehört auch Kunst der Darstellung. Ist's nicht wundersam, daß, wie in den Tagen der aufblühenden altgriechischen Dichtung, Dichter und Darsteller in einer Person sich treffen. Der berühmte Hofschauspieler sein eigener Dolmetsch! Da ist wiederum nichts Anempfundenes, nichts Hohles. Alles quillt aus lebendiger Seele. Du weißt nicht, daß es nur Spiel ist, was du siehst; denn durch diesen entflammten „Luther“ werden alle, die mit auf der Bühne stehen, zu gleicher Begeisterung, zu gleichem Leben entzündet. Und du siehst in Wahrheit ein Volksschauspiel.

Wer sind doch die Spieler alle? Das sind nicht Schauspieler von Beruf. Neben Devrient wirkt nur noch eine berufsmäßig gebildete Kraft: seine treu-anhängliche Schülerin Frl. Kuhlmann. Mit natürlicher Wahrheit und Treuherzigkeit bringt sie Luther's fromme, edle Ehefrau Käthe zur Darstellung. Die übrigen Rollen alle: Kaiser, Kurfürsten, Bischöfe, Ritter, Professoren, Studenten, Ärzte, Bürger und Bauern, Frauen und Mädchen, weit über hundert an der Zahl, werden von Jenaischen Bewohnern dargestellt. Mit welcher Freude und Hingabe sie spielen! Wie da jeder mit dem Ganzen mitlebt und mitempfindet! Überall edle Haltung, rechtes Maß, voller Ernst, überall innerste Begeisterung! — Diese Spieler spielen nicht um Geld; ja sie spielen nicht einmal um Lob und Ehre. Sie wollen nicht, wie ehrgeizige Theater-Dilettanten im Ortsblatt der Reihe nach benamset und belobigt werden; sie spielen aus Begeisterung für das Ganze, damit das Ganze erbauend wirke und die Zuhörer aus anfänglichen Kritikern des Schauspiels zu lebendigen Augen- und Ohrenzeugen einer weltgeschichtlichen That mache! Der einzelne nichts; alle zusammen das Ganze!

Und es ist der Mühe wert, sich in solch' ein Ganzes einzureihen! Das ist gesunde Speise für deutsche und evangelische Zuhörer! Der nationale Held in seinem ereignisvollen Lebensgange als Vorbild gezeigt für alle, die den Geist höher achten als das Fleisch, die Freiheit des Gewissens höher als die Freiheit des Leibes, den Zusammenhang mit Gott und Welt höher als die Afterweisheit des sogenannten „gesunden Menschenverstandes". Wahrlich der Dichter war's wert, daß ihn die philosophische Fakultät der Universität Jena mit dem Doktorhut zierte! Wahrlich das Festspiel war's wert, daß nun zum viertenmale Tausende nach Jena strömten, um sich daran und dadurch zu erheben! Wahrlich der Mühe wert wird's sein, das Festspiel dem deutschen Volke weit und breit zugänglich zu machen.

Solchen Eindruck machte auf mich Devrient's Festspiel! Hitze und Müdigkeit und was sonst mich preßte und drückte — alles war überwunden. Die gesunde und gesundende Luft des Festspiels, der klassische Boden, auf dem ich stand, die Treuherzigkeit alter und neuer Freunde, die ich schnell wiedergefunden, hatten mich zum frischen Jüngling gemacht."

Wo solche Erhebung stattgefunden hat, da will sie auch in Rede und Lied zum Ausdruck kommen. Darum pflegten wir nach den Aufführungen uns gesellig zu vereinigen, Mitwirkende, Freunde, Gäste, in freier, zwangloser Form. Jener Abend erhielt durch die Anwesenheit der Abgesandten aus Siebenbürgen seinen besonderen Charakter. Ihnen und ihrem Volke brachte der Vorsitzende, Oberlandesgerichtsrat Fuchs, das erste herzliche Willkommen dar, in ergreifenden Worten dankte Dr. Filtsch, indem er darauf hinwies, wie so manches Kleinod des Geistes schon aus Deutschland überkommen sei. Auch diesmal seien sie gekommen, ein solches Kleinod zu holen, das schöne Bild des frommen deutschen Mannes, welches der Dichter so lebensvoll gestaltet habe, es zu holen, damit es auch in der Heimat die Herzen stärke und belebe. Prof. Herfurth folgte mit einem Trinkspruch auf die Fortdauer des Zusammenhanges zwischen Deutschland und Siebenbürgen. Das schöne Empfinden einer echten Frauenseele kommt zum Ausdruck in den Worten, mit denen Frau Jikely dieses Abends gedenkt: „Hier bot sich uns reichlich Gelegenheit zu sehen, welche Wertschätzung das Verhalten unserer Männer findet, und mit Stolz können wir auf sie blicken, denn wenn sie auch manchmal starr und schroff sind, so sind sie doch ehrlich und treu und haben uns die Achtung der gebildeten Welt errungen. Dafür können wir ihnen nie genug danken." Wir aber dürfen rufen: Wohl dem Volke, das solche Frauen hat, und Ehre den Männern, die solcher Frauen wert sind! Fast eine Woche weilten die lieben Gäste in unserer Stadt, und gar manche Veranstaltungen, die ihnen zu Ehren getroffen wurden, mochten ihnen zeigen, wie treu und warm unsere Herzen für ihr Volk schlagen und wie sie persönlich unsere innige Wertschätzung und Freundschaft gewonnen haben.

Die Hermannstädter bekamen nun freilich auch von den Schwierigkeiten der Sache erst hier die rechte Vorstellung. „Hätte ich vorher gewußt, so schreibt Frau Jikely, welch großartiges Unternehmen die Inscenierung des Luther ist, vielleicht wäre ich doch zurückgeschreckt". Und doch lag die Hauptschwierigkeit keineswegs in der Inscenierung. Der Dichter hat immer hervorgehoben, daß auch die Volksbühne künstlerischer Leitung bedarf, und daß außerdem in der vorliegenden Dichtung die Darstellung der beiden Hauptrollen künstlerische Berufsbildung verlangt. So fein auszuarbeitende Seelenstimmungen, wie sie den beiden Hauptdarstellern namentlich in den Liebesscenen zugedacht sind, stellen Aufgaben, welche von bloßen Kunstliebhabern nicht zu erfüllen sind. Und darum entschlossen sich Dr. Devrient und Fräulein Kuhlmann, ihre Mitwirkung für Hermannstadt zuzusichern, ohne einen andern Lohn als die Entschädigung der Reisekosten und die freie Verpflegung in einem Privathause während des dortigen Aufenthaltes für sich in Anspruch zu nehmen. Dieser Edelmut ist ihnen durch das herrlichste Gelingen des Unternehmens reich gelohnt worden.

Am Pfingstfest 1888 begannen nach entschlossener und beharrlicher Ueberwindung der zahlreichen, nicht allein in der Sache liegenden Schwierigkeiten die Spiele in Hermannstadt. Sie haben den tiefgehendsten Eindruck gemacht und sich für die Deutschen in Siebenbürgen zu einem Ereignis von vaterländischer Bedeutung im edelsten

Sinne gestaltet. Das bezeugen die zahlreichen und schwungvollen Berichte in der Siebenbürgener Tagespresse. Was ein einfacher Mann einem Berichterstatter am Ende einer dieser Vorstellungen aussprach: „Mein protestantisches Bewußtsein fühle ich durch diesen Abend so gestärkt und gehoben, daß ich mich kaum eines gleichen Eindruckes im Leben erinnere", das haben Tausende in tiefer Seele empfunden. Das Bewußtsein der durch das Spiel gewonnenen Erhebung und Ermutigung in der harten Arbeit um Behauptung des Volkstums und seiner Gesittung, kommt in folgendem Leitartikel, welchen nach Schluß der Vorstellungen das Siebenb. Deut. Tageblatt unter der Überschrift: „Zu neuer Arbeit" brachte, zu hochsinnigem Ausdruck:

„Am Sonnabend Morgen haben die Lutherfestspieltage mit der Abreise der lieben Freunde, des edlen Künstlerpaares Herrn Dr. O. Devrient und Fräul. Minna Kuhlmann, ihr Ende gefunden. Es sind Tage so sonnigster Erhebung gewesen, daß sie noch lange nachleuchten werden. Das ist das Erfreuliche gewesen, daß die Wirkung, die wir mehrfach zu schildern versucht haben und die man von allen hören kann, so viele drinnen waren, sich in die breitesten Schichten des Volkes erstreckte. Aus allen Teilen des Landes sind die Besucher hierher geströmt; selbst unsere größten Vereinsversammlungen haben nicht so viele Leute aus allen Ständen zugeführt als diese Tage, die seit drei Wochen unablässig die Freunde von fern und nah nach Hermannstadt zogen. Die Macht des protestantischen Bewußtseins ist in denselben lebendiger geworden, und wo es etwa schlief, da hat es sicher ein Rütteln gespürt, daß es wach werde.

Aber in diesem protestantischen Bewußtsein liegt, wenn es ein richtiges ist, auch eingeschlossen der nimmermüde Trieb zur Arbeit. Die tiefsten Wurzeln des Protestantismus sind jene, die den Menschen in seinem Denken, Glauben und Arbeiten auf eigene Füße gestellt haben. Das ist aber gerade jene Grundlage, die wir heute dringendst brauchen, wenn wir gedeihen wollen. Zu solcher fester, zielbewußter Arbeit sollen uns auch die verflossenen Lutheraufführungen aneifern.

Daß diese Arbeit eine große sei, wird niemand leugnen. Uns ist jene Freude nicht beschieden, die zuweilen glücklichen Geschlechtern leuchtet, festgefügte Bahnen für die Arbeit aller Volkskreise vorzufinden, in denen es dem tüchtigen Sinn, dem frischen Mut gelingt, Großes zu leisten. In vielfach ausgefahrenen Geleisen bewegt sich unsere Arbeit und es gilt, durch das Gestrüpp und Gestein neue Wege zu öffnen und neue Richtungen zu gewinnen.

Der politische Kampf, der uns für unsere höchsten Güter des Lebens aufgezwungen worden ist, hat viel Kraft verzehrt und manch andere Arbeit gehindert. Aber es ist gerade ein Vorzug dieses Kampfes gewesen, daß er durch seine Schärfe, weil er alle Kraft in Anspruch nahm, aufmerksam gemacht hat auf all die Arbeit, die inmitten unseres Volkes der Arbeiter harrt. Man wird den letzten 20 Jahren die Anerkennung nicht versagen dürfen, daß sie wiederholt durch schwere Ereignisse an das gemahnt haben, was uns fehlt. Ein kleines Volk, ein versprengter Stamm unterliegt gar leicht der Gefahr, sich selbstgefällig abzuschließen und das Bessere außerhalb der eigenen Mauern nicht zu sehen. Denn die Abschließung schafft ursprünglich Stärke, sie ist in den ersten Zeiten der Entwickelung eine Schutzmauer, darum so streng, darum so tapfer verteidigt. Aber diese Abschließung wird eine Gefahr in demselben Augenblick, wo die Welt draußen sich ändert und man drinnen nichts merken will.

Auch unser Volk ist dieser Gefahr öfter erlegen, allerdings nicht nur durch eigene Schuld. Vor dem Jahre 1848 war dieser entlegene Winkel der Monarchie so wenig in der Welt gelegen, daß die große wirtschaftliche Entwickelung, die gute Straßen, Handel und Verkehr nötig hat, hieher keine Wellen schlug, kaum daß geistige Sendboten den Weg hieher fanden und erlauchten Geistern das Mitschreiten auf der Bahn zu den Höhen der Menschheit ermöglichten.

Seit 1867 ist diese Gefahr vielleicht an uns herangetreten, unterlegen sind wir nicht. Denn die leitenden Kreise unseres Volkes haben damals und später so klar, wie nur möglich, es erkannt und ausgesprochen, daß alte Versäumnisse gut gemacht werden müßten, und es giebt kein Gebiet, auf dem nicht Fortschritte vorbereitet oder mindestens die Wege dazu angedeutet worden sind. Daß man durch Beschönigen der eigenen Verhältnisse diese nicht bessern könne, das ist ein Wahrspruch gewesen, der nicht nur auf politischem Gebiet beobachtet wurde. All unsere Vereinsthätigkeit, alle Arbeit für Hebung des Bauern- und Bürgerstandes geht doch von der Voraussetzung aus, daß die Höhe nicht erreicht sei, und daß vieles zu bessern wäre.

Aber bei allen solchen Arbeiten, die zum großen Teil auf völlig neuer Grundlage aufbauen wollen, ist es notwendig, den Mut jener, denen neue Verhältnisse geschaffen werden sollen, die sich in veränderte Verhältnisse finden sollen, zu heben und zu festigen. Das geschieht nicht dadurch, daß man ihnen das Alte verleidet, sondern daß man sie überzeugt von der Unhaltbarkeit des Bestehenden. Auch in dieser Beziehung haben wir in den letzten Jahren doch Fortschritte zu verzeichnen. Allerdings hat es nicht viel gebraucht, denjenigen, die darunter leiden, die Notwendigkeit der Aenderung zu Herzen zu führen, wo eben das Leiden selber so große Ueberzeugungskraft besitzt. Die selbstgefällige Ueberzeugung, daß wir's „so herrlich weit gebracht", ist heute kaum irgendwo vorhanden. Aber allerdings, jene Ueberzeugung ist vorhanden und sie soll es bleiben, daß wie wir in vergangener Zeit im Stande gewesen sind, bedeutendes hier zu leisten, wir es auch in der Zukunft sein werden. Das Vertrauen auf die eigene Kraft, den Glauben an sich selbst darf ein Volk nie verlieren.

Gerade dieses aber, meinen wir, haben die Lutherfestspieltage in besonderer Weise gehoben. Wie hier sich aus allen Ständen Vertreter fanden, die mithalfen, so haben sie die Empfindung mitgenommen, daß in gleicher Mitarbeit ihre Kräfte auch sonst dem Ganzen dienen müssen.

Es war eine Freude zu sehen, wie nicht bloß die protestantischen Kreise Hermannstadts und des Landes Anteil an den Lutheraufführungen genommen haben. Angehörige der katholischen, der griechischen Kirche haben sich daran erhoben; mit Recht, denn der Segen des großen Menschenlebens, das der Dichter hier gezeichnet, er kommt auch ihnen zu gute. Aber damit ist wieder zugleich bewiesen, daß eine Arbeit, die in Wahrheit geeignet ist, einen Teil zu stärken, auch dem andern nützen kann.

So treten wir nach den Festtagen gehobenen Herzens wieder an die Fülle der Arbeit heran, die unser harrt, und im Licht dieser Stärkung wird sie um ein gut Stück frischer vor sich gehen, tiefer erfaßt, höher begriffen werden!"

Der Dichter selbst schrieb mir am 30. Mai aus Hermannstadt: „Hier feiern wir große Feste der schönsten Wirkung unseres Werks. Zu den 8 Vorstellungen müssen 2 weitere eingeschoben und angefügt werden, weil der Andrang auch im Entferntesten nicht befriedigt werden kann; köstlich ist der Zuspruch von außen. Bis Belgrad erstrecken sich die Zuzugslinien. Ich schreibe mit nächstem ausführlich." Dazu hat er nun keine Zeit gefunden. Nur noch eine kurze Nachricht vom 8. Juni: „Gestern Abend feierten wir den hiesigen Abschied. Unendlich ergreifend. Was für Reden hörten wir und von was für edlen Menschen! — Morgen über Kronstadt und Bukarest, Salzburg nach Burg." Erst nach der Heimkehr fand er Zeit zu einigen Ausführungen. „Der Triumphzug durch das ganze Land, der sich an die Spiele anschloß; wie man uns von Stadt zu Stadt geleitete, an den Bahnhöfen empfing — die „Käthe" mit Riesensträußen —, wie man uns zu Wagen einführte, die Herrlichkeiten der Stadt und des Landes zeigte, das spottet aller Schilderung. Was sind wir für unser Deutschtum in jenen Tagen gefeiert worden, was habe ich alles erwiedern müssen und wie weh wars immer Allen, wenn sie schaarenweise am Bahnhof standen und endlich sich beim Anrollen des Zugs mit Hochrufen Luft machten. Keinen Fürsten kann man mehr feiern; und das galt unserem Deutschtum und unserer national-religiösen Sache; und weils nicht der Person galt, sondern der Sache, darum konnte mans getrosten Sinnes hinnehmen, wenn man sich auch des Kleinseins recht herzlich schämte. Wir haben noch das Siebenbürger Land bis zur Grenze und ein Stück darüber hinaus bis zum Königsschloß Sinaja in Rumänien gesehen — in der ehrenden Begleitung des Oberstuhlrichters und eines Freundes. — Wie feinfühlig: mir gaben die Frauenvereine köstliche Geschenke — Landeserzeugnisse der Weberei und der herrlichen Goldschmiedekunst aus allen Zeiten — für meine Marie mit. Ist das nicht prächtig, daß sie meiner fernen Frau gedachten? Auch Minna Kuhlmann wurde reich beschenkt.

Wir durchflogen nun Tag und Nacht die Lande, 30 und 23 Stunden hintereinander, um noch einen Blick ins Salzburger Gebirge thun zu können, und der Himmel beleuchtete uns im Morgenschein den Königssee, in vollster Klarheit alle Bergspitzen und Spitzchen. Dann bei strömendem Regen in Hast nach Burg. Da, schon in Magdeburg, die erste schlimme Depesche, in Burg die Jammerpost vom Tode „unseres Fritz". Den andern Tag jagte michs nach Hause. Bei solchem Leid muß die Familie vereint sein."

6. Die Otto Devrient'sche Lutherstiftung.

Im vorigen Jahre ist der Luther außer in Chemnitz und Hermannstadt noch in Burg bei Magdeburg (hier mit der neu geschaffenen Musik des Dr. Dütschke) und in Göttingen zur Aufführung gebracht worden, im laufenden Jahre in Oldenburg, Frankfurt a. M., Breslau, abermals in Chemnitz und in Eisenach. Auf die für Jena beabsichtigt gewesenen Aufführungen haben wir zu Gunsten Eisenachs auf das dringende Bitten der dortigen Unternehmer Verzicht geleistet. Die dem Dichter zu Gebote stehende Zeit gestattete kaum seine Mitwirkung an beiden Orten. In Eisenach sollte das Lutherfestspiel mit der Grundsteinlegung des Lutherdenkmals und der Generalversammlung des Evangelischen Bundes verbunden werden, es handelte sich namentlich auch um Vermehrung des Denkmalfonds; so sahen wir uns bestimmt, der Wartburgstadt den Vorzug zu geben. Für November steht die Aufführung in Naumburg a. S. in Aussicht*). Außerdem sind Teile des Werkes in verschiedenen Orten zur Darstellung gebracht worden. Man wird nicht erwarten, daß ich über alle diese Unternehmungen mit gleicher Ausführlichkeit berichte. Es bedarf dessen auch nicht, denn überall wiederholen sich dieselben Erscheinungen. Die Volkstümlichkeit des Werkes bewährt sich eben darin, daß sich allenthalben eine befähigte und begeisterte Spielgemeinde findet, und daß das Spiel überall die gleiche tiefgreifende Wirkung übt. Das bezeugt überall auch die evangelische Presse. Zwar wird an den Einzelheiten der Dichtung wohl hier und da etwas bemängelt, auch der Standpunkt grundsätzlicher Ablehnung des Ganzen aus ästhetischen oder kirchlichen Bedenken findet vereinzelte Vertreter; aber das ändert nichts an der Thatsache, daß das protestantische Volk im weitaus überwiegenden Teile, auch in den ästhetisch gebildeten und urteilsfähigen Kreisen, Devrients Dichtung mit jubelndem Beifall aufgenommen hat. Auf die Beurteilung derselben in der ultramontanen Presse einzugehen —

*) Die Darstellung der beiden Hauptrollen ist für dort von Herrn Hofschauspieler Brock aus Weimar und von Fräulein Kynast aus Berlin übernommen worden.

Sigl's „Vaterland" bezeichnete kürzlich bei Gelegenheit der Eisenacher Aufführungen den Luther Devrients als „wüstes Hetzstück" —, den unglaublichen Vorwurf der Geschichtsfälschung, der religiösen Unduldsamkeit zurückzuweisen, oder auch mit einem engherzigen Pietismus abzurechnen, dem alles Lutherfestspielwesen als „Teufelsspuk" erscheint, das wird man mir nicht zumuten. Vielmehr habe ich noch darzustellen, welche Rückwirkungen die auswärtigen Aufführungen bis jetzt auf die Zwecke unseres Vereins geübt haben.

Bei einem Rückblick auf den bisherigen Ertrag der Sache, welche zu verwalten dem Vorstand des Vereines oblag, ergiebt sich nun zunächst in geschäftlicher Beziehung folgendes. Der Gesamtbetrag der Einnahmen hat sich in den 6 Jahren 1883—1888 auf 39992,44 Mark belaufen, denen eine Gesamtausgabe von 36705,83 Mark gegenüberstand. Hiervon sind für Bauzwecke 9260,35 Mark, von denen aber 8500 Mark auf das Theatergrundstück hypothekarisch eingetragen sind, 6296,88 Mark für Bekleidungsstücke und Bühnenausstattung, 5268,97 für Zeitungsanzeigen, Drucksachen und Portoauslagen, 4068,20 für Musik, 3995 für Honorare an den Tonsetzer, an die Kassenverwaltung, den Souffleur, für Reiseentschädigungen an die mitwirkenden Künstler, 1811,55 für Bedienungslöhne, endlich noch für Theatermiete, Billet-Kasse, Beleuchtung, Feuerversicherung, Friseur, einige Festlichkeiten der Spielgemeinde und Insgemein im Laufe der 6 Jahre im Ganzen der Betrag von 5494,88. Außerdem machten wir im vorigen Jahre auf Anlaß der in Jena stattfindenden Landesversammlung des Gustav-Adolf-Vereins, demselben eine Schenkung von 500 Mark. Es bestand demnach am 1. Januar 1889 das Eigentum des Vereins aus folgenden Werten:

A.	Die unkündbare und unverzinsliche Hypothekenschuld des Theaterbesitzers, Herrn Braumeister Köhler, von	Mk.	8500,—
B.	Mobiliar und Garderoben im Wert von .	„	6296,88
C.	Baarvorrat auf der Sparkasse zu Jena .	„	3286,61
	Sa.	Mk.	18083,49

Der Garderobenbesitz gleicht einem zinstragenden Kapital. Wir überlassen denselben auf Ansuchen an Orte, denen wir das Aufführungsrecht zugestehen, gegen eine Leihgebühr, deren Höhe sich nach der Zahl der Aufführungen richtet. Von dem Ertrag wird ein Teil zur Ausführung der erforderlichen Ausbesserungen und Ergänzungen verwendet, so daß das Ganze stets in brauchbarem und ansehnlichem Zustande bleibt, der Rest wird dem Vereinsvermögen hinzugefügt.

Die laufenden Ausgaben werden sich in Zukunft erheblich billiger stellen; die Theatermiete ist schon seit 1886 ganz entfallen, Ausgaben für Festlichkeiten der Mitwirkenden, welche wir in den ersten Jahren sowohl der Sache als den Personen schuldig waren, sind gleichfalls seit 1886 so gut wie ganz in Wegfall gekommen, der Aufwand für Musik hat sich schon in der letzten Spielperiode erheblich vermindern lassen, die Presse werden wir in Zukunft viel weniger in Anspruch nehmen als bisher, überhaupt geht unser Bestreben dahin, unter Beachtung der gesammelten Erfahrungen nach allen Richtungen hin so vorteilhaft als möglich zu wirtschaften.

Im laufenden Jahre ist unser Baarvermögen nicht unerheblich vermehrt worden. Bis zum 1. Oktober haben wir an Mitgliederbeiträgen, eingezahlten Anteilen der Einnahmen von auswärtigen Aufführungen und an Leihgebühren für den Kleidervorrat den Betrag von 5359,95 Mk. vereinnahmt, von welchem bis dahin 507,81 Mk. als Ausgabe, wesentlich für Ausbesserung und Ergänzung der Garderobe, in Abzug zu bringen waren. Mithin beträgt gegenwärtig das Baarvermögen des Vereins, welches zinstragend auf der Sparkasse zu Jena angelegt ist, unter Zurechnung des Vorrats vom 1. Januar (oben unter C) von . . . . Mk. 3286,61
zu der um die erwähnte Ausgabe verminderten Einnahme der ersten drei Vierteljahre dieses Jahres von . . . . „ 4852,14
in Summa Mk. 8138,75

Das Gesamtvermögen beläuft sich demnach mit Hinzurechnung der beiden oben unter A und B aufgeführten Posten von zusammen 14 796,28 Mk. auf den Betrag von **22 935,53 Mk.***)

---

*) Von dem Baarbestand werden noch in Abrechnung zu bringen sein die Ausgaben für die Drucklegung dieser Schrift, sowie für Anschaffung einer von mir mit Genehmigung des Vorstandes begründeten Vereinsbibliothek, in welcher sowohl neuere dramatische Werke von volksmäßigem Gehalt, als auch sonstige auf Wesen und Geschichte der deutschen Volksbühne bezügliche Druckschriften Aufnahme finden sollen. Bis jetzt sind folgende Werke angeschafft worden:

Otto Devrient, Luther, hist. Charakterbild in 7 Abteilungen. Zweite Auflage der großen Ausgabe. Leipzig 1884.

Durch die Freigebung des Aufführungsrechtes ist dem Verein, wie gezeigt wurde, eine neue, sehr erhebliche Einnahmequelle erwachsen. Die Frage wegen Verwendung dieser Einkünfte mußte auf das gewissenhafteste geprüft werden. Eines war klar: Seit das Aufführungsrecht des Luther freigegeben worden ist, hat die Frage des Theaterbaues für Jena nicht mehr die frühere Bedeutung. Die Errichtung eines für die Aufnahme großer Zuschauermassen geeigneten Bühnenhauses ist keine Notwendigkeit mehr, seit Jena nicht mehr der alleinige Aufführungsort des Luther ist; für Aufführungen im bisherigen Umfange reichen die durch den vollzogenen Umbau gewonnenen Verhältnisse aus. Freilich wird die von uns doch in's Auge gefaßte Darstellung neuer Volksschauspiele, sofern dieselben hinsichtlich der

Hans Herrig, Luther, ein kirchliches Festspiel. Vierzehnte Auflage. Berlin. O. J.

Wilhelm Henzen, M. Luther, Reformationsdrama in 5 Akten und einem Vorspiel. Leipzig 1883.

August Trümpelmann, Luther und seine Zeit, Volksschauspiel. Vierte Auflage. Gotha 1889.

Ernst von Wildenbruch, Die Quitzows. Schauspiel in 4 Akten. Berlin 1889.

Hans Pöhnl, Deutsche Volksbühnenspiele. I. und II. Band. Wien 1887.

Hans Sachs, ausgewählt und erläutert von Dr. Karl Kinzel. Halle 1889.

Arnold Ott, Agnes Bernauer, Hist. Volksschauspiel mit Musik in 5 Akten. Stuttgart 1889.

Otto Devrient, Kaiser Rothbart, Phantast. Volksschauspiel in 2 Abteil. Leipzig 1889.

Paul Kaiser, Gustav Adolf. Ein dramat. Festspiel für die Volksbühne. Gotha 1889.

Johannes Otto, Ulrich von Hutten, ein Säkulardrama. Bremen 1887. Geschenkt vom Verfasser dieses Berichtes.

Rudolf Genée, Lehr- und Wanderjahre des deutschen Schauspiels. Berlin 1882.

Gustav Adolf Erdmann, Die Lutherfestspiele. Geschichtliche Entwickelung, Zweck und Bedeutung derselben für die Bühne. Wittenberg 1888.

Hans Herrig, Luxustheater und Volksbühne. Berlin 1887.

Friedrich Schön, Ein städtisches Volks-Theater und Festhaus in Worms. Worms 1887.

Hermann Freiherr von Maltzan, Die Errichtung deutscher Volksbühnen eine nationale Aufgabe. Berlin 1889.

Hans von Wolzogen, Die Idealisirung des Theaters. München 1886. Bayreuther Taschenkalender für das Jahr 1886.

Bühne größere Tiefen und eine reichere Gliederung voraussetzen, was z. B. bei dem „Rothbart" Devrients unzweifelhaft der Fall ist, ohne Vornahme weiterer baulicher Veränderungen unseres Theaters kaum durchführbar sein. Aber haben wir ein Recht, für diesen Zweck Einnahmen zu verwenden, welche uns aus den Lutheraufführungen anderer Städte durch die Hochherzigkeit des Dichters zufließen, nachdem es im Einklang mit den Wünschen desselben wiederholt ausgesprochen worden ist (s. o. S. 27), daß jene Gelderträge, wenigstens der Hauptsache nach, zur Förderung evangelischer Interessen, besonders für kirchliche Liebeszwecke, zur Verwendung kommen sollten? Wir mußten diese Frage verneinen. Gewiß werden wir den weiteren Ausbau unseres Bühnenhauses nicht aus dem Auge verlieren dürfen, aber hierzu doch andere Mittel und Wege finden müssen, als die Verwendung der vom Dichter unserer Kasse zugewiesenen Autorenhonorare aus den Lutheraufführungen.

Von dieser Anschauung geleitet, brachte der erste Vorsitzende des Vereins, Herr OLG.=R. Fuchs, den von den Mitgliedern des Vorstandes mit lebhafter Zustimmung begrüßten Antrag ein, die Einnahmen des Vereins, nach Abzug aller demselben aus seinem Zweck erwachsenden Unkosten, zu einer Stiftung zu verwenden, deren Zinsertrag nach Beschluß des Vorstandes alljährlich zur Förderung der evangelischen Sache vergeben werden solle. Hierbei ist nicht ausgeschlossen, daß derjenige Teil dieser Einnahmen, welcher aus den Mitgliederbeiträgen und den Leihgebühren der Garderobe erwächst, für Bauzwecke im Sinne des § 1 der Satzungen zurückgestellt werden kann, der aus den Aufführungen erfließende Hauptteil unserer Einnahmen aber wird immer im wesentlichen der Stiftung zu Gute kommen müssen. Nachdem dieser Antrag im Vorstande nach eingehenden Beratungen angenommen war, machte sich eine Abänderung der Satzungen notwendig.

Dieselbe wurde in der unten mitgeteilten Form vom Vorstand entworfen, von einer Hauptversammlung des Vereins gutgeheißen und mit Bericht des Vorsitzenden dem Großh. Staatsministerium zur Einholung der landesherrlichen Zustimmung vorgelegt. Durch Ministerialverfügung vom 21. August d. J. wurde dem Vorstand eröffnet, „daß S. K. H. der Großherzog am 10. d. Mts. den vorgelegten Entwurf der Satzungen des Vereins zu genehmigen geruht und dabei vorbehalten haben, daß auch zu etwaigen späteren Änderungen der Satzungen die landesherrliche Genehmigung einzuholen sei."

Die neue Fassung der Satzungen ist nun die folgende (vgl. oben S. 12—14):

§ 1 bleibt und erhält folgenden Zusatz:

Der Verein kann das Aufführungsrecht des von dem Dichter der Stadt Jena zum Eigentum übertragenen Lutherfestspiels auch an andere Orte innerhalb des deutschen Reiches durch Beschluß des Vorstandes für jeden einzelnen Fall gegen Vergütung von 5 Prozent der Brutto-Einnahmen übertragen.

Die Genehmigung zur Aufführung des genannten Festspieles außerhalb des deutschen Reiches ist bei dem Dichter allein nachzusuchen.

§ 2 und 3 wie früher.

Folgende Paragraphen treten neu hinzu:

§ 4.

Der Verein hat die Rechte einer juristischen Person. Das demselben gehörige Vermögen steht unter der Verwaltung des Vorstandes unbeschadet der der Generalversammlung nach § 13 vorbehaltenen Rechte.

§ 5.

Die aus den Aufführungen in Jena sich ergebenden Ueberschüsse, sowie die aus den auswärtigen Aufführungen fließenden Einnahmen, endlich auch die Beiträge der Vereinsmitglieder werden nach Abzug aller dem Vereine aus seinen Zwecken — § 1 — erwachsenden Unkosten zu einer Stiftung vereinigt.

§ 6.

Die Stiftung führt den Namen: „Otto Devrient'sche Lutherstiftung".

§ 7.

Zweck der Stiftung ist Förderung der Evangelischen Sache.

§ 8.

Zu dem vorgedachten Zwecke werden die Zinsen des Stiftungsvermögens — § 5 — durch Beschluß des Vorstandes alljährlich und zwar am Geburtstage des Reformators verteilt. Nur in ganz besonders dringlichen und wichtigen Fällen kann auch ein Teil des Kapitalvermögens, jedenfalls aber nicht mehr als höchstens der zehnte Teil, zu obigem Zwecke verwendet werden.

§ 9.

Ist das Stiftungs-Kapitalvermögen in der vorgedachten Weise angegriffen worden, so darf dasselbe jedenfalls in den drei darauf folgenden Jahren keine Verwendung erfahren.

Nun folgen die alten §§ 5, 6, 7, 8 als §§ 10, 11, 12, 13 unverändert, nur daß von § 6 der erste Absatz wegfällt. § 14 (früher § 9) bleibt mit Einschaltung der Worte „im Sinne des § 7" zwischen die Worte: „wissenschaftliche Zwecke" und „zu verwenden". § 10 der alten Satzungen kommt in Wegfall.

Mit dieser Stiftung, welche der Thätigkeit des Vereins ein neues, würdiges Ziel giebt, ist eine wertvolle Grundlage gewonnen für regelmäßige Zuwendungen für Zwecke der evangelischen Kirche. Erwägt man außerdem, daß an allen Orten, wo der Luther zur Aufführung gelangte, der gesamte, meist sehr beträchtliche Reingewinn eben solchen Zwecken, wenn auch in mehr örtlichem Interesse, zu Gute gekommen ist, so leuchtet ein, daß die Sache unserer Kirche, abgesehen von dem idealen Gewinn, welcher in erster Linie steht, doch auch in materieller Hinsicht durch unser Unternehmen eine nicht geringe Förderung erfahren hat.

---

7. Die Lutherfestspiele in der deutschen Kulturbewegung.

Mein Bericht ist zu Ende. Es mag aber gestattet sein, in einem kurzen Schlußwort wenigstens anzudeuten, wie eng die Jenaer Unternehmung und die Lutherfestspiele überhaupt mit wichtigen Kulturfragen der Gegenwart auf religiösem und künstlerischem Gebiet verknüpft sind.

Es ist gar keine Frage, daß in der Gegenwart die religiös-sittlichen Interessen, je mehr sie eine Zeit lang hinter den politischen und wirtschaftlichen Kämpfen zurückzutreten schienen, um so bedeutsamer wieder in den Vordergrund getreten sind. Der große Kaiser und sein großer Kanzler haben der Empfindung der besten ihrer Zeitgenossen Ausdruck verliehen mit den geflügelten Worten „daß dem Volke die Religion nicht verloren gehen dürfe“, daß der Staat in seiner Gesetzgebung zum Schutze der wirtschaftlich Schwachen die Forderungen des „praktischen Christentums“ zu verwirklichen habe. Religiöse Vertiefung des Lebens ist wieder eine Forderung des allgemeinen Bewußtseins geworden. Innerhalb der protestantischen Welt ist diese Empfindung in dem großen Jubiläumsjahre Luthers zum mächtigen Ausdruck gelangt. Und seitdem ist die religiöse Bewegung mächtig angewachsen. Der Verein für Reformationsgeschichte, die neue Weimarer Lutherausgabe, die zahlreich erstehenden Denkmäler des Reformators, die Gründung des Evangelischen Bundes, das endlich erwachte thatkräftige Interesse für Hebung der kirchlichen Notstände in den großen Städten, die außerordentlich gesteigerte kirchliche Vereinsthätigkeit, die zunehmende Kirchlichkeit, das alles sind verheißungsvolle Anzeichen für die Vertiefung des religiösen Lebens im protestantischen Volke. Und in diesem Zusammenhange erscheinen nun auch die Lutherfestspiele in ihrer eigentlichen Bedeutung, sie sind beides: der Ausdruck der protestantisch-religiösen Bewegung und zugleich einer ihrer kräftigsten Hebel.

Nichts vermag mehr zu erheben und fortzureißen als ein großes Beispiel. Was Luther sich erstritten, ein jeder tiefer angelegte

Mensch muß es zu aller Zeit sich erringen und erkämpfen. Je weniger der Protestantismus etwas ist, was sich einfach mitteilen und überliefern läßt, je mehr seine Stärke gerade in der durch eigene Kämpfe errungenen sittlichen Festigkeit und Ueberzeugungstreue, in der Freiheit des religiösen Eigenlebens sich offenbart, um so wirksamer und packender muß das in greifbarer Lebendigkeit vor die Sinne gebrachte Bild des ringenden und kämpfenden Glaubenshelden auf die Seele wirken. Gewiß ist das religiöse Leben ein Geheimnis unseres Inneren, aber die Antriebe kommen ihm von außen. Es ist ganz oberflächlich, der Bühne eine solche Wirkung abzusprechen, da doch alle wahre Kunst, um mit H. Herrig zu reden, darin ihren Einfluß ausübt, daß sie die ethische Empfänglichkeit des Menschen steigert. „Wie fühlt' ich mich", so schreibt ein fremder Besucher unserer Aufführungen, „wie fühlte ich mich als lebendiges Glied hineinversetzt in die evangelische Volksgemeinde! Wie ergriff mich dieser Luther! Mir war's als erkämpfte ich mir mit ihm evangelisches Bewußtsein, als eiferte, arbeitete, kämpfte ich mit ihm für die Befreiung meiner Seele vom knechtenden Joch des Buchstabens und des Truges, als erhöbe ich mich mit ihm zur Höhe eines geistesgeläuterten Glaubens und zum Genuß himmlischen Friedens auf dem Grunde eines gottversöhnten Gewissens". Und gerade die Gegenwart mit ihren heißen und ernsten Kämpfen muß an Luthers Vorbild sich immer wieder stärken und aufrichten. „Der Gegenwart einen Spiegel vorzuhalten", so urteilt ein anderer Zeuge, ist kaum ein Lebensbild geeigneter, als das Luthers, „von dem nicht nur seine Zeit, sondern auch die Zukunft dauerndste Anregungen empfangen, der dem Menschenleben nicht nur innerhalb des Protestantismus neue Gestalt, neuen Inhalt gab." (Vgl. oben S. 35 und 40.)

Aber auch in künstlerischer Hinsicht scheinen die Lutherfestspiele für unser Volksleben eine hohe Bedeutung gewinnen zu sollen. Schiller hoffte einst von der Bühne aus die Nation schaffen zu können: „Wenn wir es erlebten eine Nationalbühne zu haben, so würden wir auch eine Nation". Aber noch niemals ist ohne stolzes Volksbewußtsein ein nationales Schauspiel entstanden, jenes aber nie ohne den Staat. Heute, wo wir den nationalen Staat haben, müßten wir eigentlich sagen dürfen: „Da wir eine Nation geworden sind, so werden wir eine nationale Bühne haben". — Wir sind wieder ein Volk, wir haben das Reich, unser Name ist in aller Welt geachtet. Die Herstellung staatlicher Einheit und Macht hat unser Volksgefühl stolz geschwellt, die Empfindung für unsere Eigenart geschärft. Die Entfaltung nationaler Gesittung, die Gestaltung eines volksmäßigen Daseins auf allen Lebensgebieten, einer wahrhaft nationalen Kultur ist das Ziel, nach welchem gerungen wird. Wir schaffen ein gemeindeutsches Recht, wir reinigen unsere Sprache von fremdem Beiwerk, soweit dasselbe nicht wahrhaft unser Besitz geworden, und besinnen uns wieder mehr auf ihre Gemütstiefe und sinnliche Bedeutungskraft, wir haben eine deutsche Industrie, ein deutsches Kunsthandwerk, wir dürfen hoffen, daß auch in den Formen des Umgangs und der gesellschaftlichen Sitte, daß im Geschmack der Einfluß des Fremden, soweit dasselbe unserer gesunden Eigenart nicht gemäß ist, mehr und mehr schwinden werde, ohne daß wir deshalb aufhören dürften, von dem Fremden zu lernen und das, womit wir uns wahrhaft bereichern können, uns zu eigen zu machen. Sollte es uns nicht gelingen, auch in der Kunst dem nationalen Geist zum Siege zu verhelfen?

Alle wahre Kunst ist ein ideales Abbild des Lebens. National ist sie, wenn sie das echte Gepräge eines bestimmten Volksgeistes trägt. Vieles von dem, was heute sich deutsche Kunst nennt, ist eine Verleumdung des deutschen Geistes, denn man giebt Verirrungen desselben für sein Wesen aus. So wenig der einzelne Mensch in allen Bethätigungen seinem wahren Wesen immer treu bleibt, so kann auch der Volksgeist vorübergehend mit sich selbst in Widerspruch geraten, Gegenstand der Kunst aber darf die Verirrung niemals als solche werden, sondern nur so, daß sie durch den Gegensatz das Wahre zeigt. Denn nicht auf das zufällig Wirkliche, sondern auf das dauernd Wahre hat die Kunst auszugehen. In seinem wahren Wesen aber offenbart sich der nationale Geist in den großen Leistungen und Schöpfungen des geschichtlichen und geistigen Lebens, dessen Helden seine ersten Träger sind. Diesen Geist bringt eine nationale Kunst zum Ausdruck.

Was nun die Bühne anbetrifft, so hat nie ein Theater dem von Athen an nationalem Wert geglichen; von den neuen Völkern schauen Spanier, Engländer, Franzosen auf ein nationales Theater, das sie einst hatten, zurück, wir Deutschen können es erst von der Zukunft erwarten.

Die zur Zeit bestehenden, geschichtlich erwachsenen Bühnenzustände stehen freilich zu dem Begriff eines nationalen Theaters im denkbar stärksten Gegensatz. Nur auf einem langen Wege ernster Arbeit, an welcher nicht nur die Dichter und Künstler, sondern auch die Staatsmänner und die Gesellschaft selbst teilzunehmen haben, können wir das große Ziel zu erreichen hoffen. Teils gilt es die Reinigung und allmählige Umbildung des Vorhandenen, teils aber auch die verständnisvolle Pflege einer neuen Gestaltung, deren Keime sich aus dem Volksboden vor unseren Augen verheißungsvoll zu entfalten beginnen. Denn auch das viele Gute was wir an klassischen und modernen Bühnenwerken besitzen und was, soweit es nicht dem Gift des Ausstattungsluxus erliegt, unserem Theater an den bessern Bühnen immer noch einen idealen Kern erhält, es kommt doch, sowohl nach seinem geistigen Gehalt wie nach seiner Zugänglichkeit, nur gewissen Gesellschaftsklassen zu Gute. Mit einer Kultur aber, die nur ausgewählten Kreisen dienen will, ist dem Volke nicht geholfen. Dem gegenüber macht sich das edlere Volksbedürfnis auf seine Weise geltend. Die Passionsspiele in den deutschen Alpen, das Rothenburger Festspiel, die vaterländischen Schul- und Volksaufführungen in Stadt und Land, und vor allem nun die Lutherfestspiele und die begeisterte Aufnahme, welche sie überall finden, zeigen wie tief das Bedürfnis nach einer Bühne empfunden wird, welche dem Volke sein eigenes Wesen zeigt und sich an die Gesamtheit aller Volksklassen wendet. Auf diesem gilt es weiter zu bauen, neben das gereinigte Kunstschauspiel die deutsche Volksbühne zu stellen und beide zu einander in die rechte, fruchtbare Wechselbeziehung zu setzen. In den Lutherfestspielen sind alle gesunden Elemente einer deutschen Volksbühne gegeben: ein großer nationaler, allen Volksklassen durchaus gemeinsamer, mit idealem Realismus gestalteter Stoff; seine Darstellung durch das von der Idee ergriffene Volk selbst, indem die Einheit der Empfindung Spielende und Zuschauende zu einem Ganzen bindet; die Vertreter der Kunst als Leiter und Führer, berührt und gehoben von der Bewegung der Volksseele und andererseits diese selbst zu künstlerischem Ausdruck läuternd. Das alles kam zu überzeugender Offenbarung. Und darum überall das frohe und dankbare Bekenntnis: hier haben wir die deutsche Volksbühne der Zukunft! Auf diesem Grunde laßt uns weiterbauen! Worms und

Jena sind zunächst die Mittelpunkte der neuen Bewegung, an beiden Orten besteht das Bestreben, wenn auch vielleicht mit verschiedenen Mitteln so doch in gleichem Sinne, der deutschen Volksbühne die Wege zu bereiten. Wem die gesunde Entwickelung unserer Volkskultur am Herzen liegt, der lege fördernd und helfend Hand an's Werk. Sorgen wir durch eine edle, volkstümliche Kunst die unteren Stände emporzuziehen und ihnen das Gefühl der Volksgemeinschaft auch auf dem Gebiet des Schönen zu vermitteln, so bauen wir auch dadurch an der Festigung unserer nationalen Zukunft.

Druck von G. Neuenhahn in Jena.

Gegenwärtige Mitglieder
des Vorstandes des Lutherfestspielvereins zu Jena.

Der gewählte Vorstand.

Professor Dr. **Fuchs**, Oberlandesgerichtsrat. Vorsitzender.
Professor Dr. **G. Richter**, Hofrat und Gymnasialdirektor. Stellvertreter.
Oberpfarrer **Braasch**, Superintendent. Schriftführer.
Hoflieferant **Schulze**. Kassefhrer.
Verlagsbuchhändler **Fischer**.

Kooptierte Mitglieder.

Rentner **E. Dornbluth**. Garderobenverwalter.
Dr. **Gille**, Hof- und Justizrat.
Professor Dr. **Lipsius**, Geh. Kirchenrat.
Freiherr **von Tümpling**, Legationsrat.
Rentner **M. Weimar**.